MANIPOLAZIONE MENTALE

L'Arte Della Manipolazione Mentale: Scopri Tutti I Segreti Della Psicologia Oscura, Guida Avanzata Sulle Tecniche Segrete Di Persuasione Per Influenzare e Manipolare Le Decisioni Delle Persone

Se il libro trattato è di vostro gradimento, le chiediamo, ringraziandola, di farcelo sapere attraverso una recensione sempre ben accetta e gradita. Vi Auguriamo una Buona Lettura.

Scritto da

Metin Bastri

SOMMARIO

CAPITOLO 1. INTRODUZIONE ALLA MANIPOLAZIONE MENTALE

Per comprendere al meglio questo percorso letterario e psichico che ci apprestiamo ad attraversare, bisogna innanzitutto introdurre questa disciplina, le sue caratteristiche generali senza addentrarci troppo nella scienza per ora. Vorrei iniziare facendovi riflettere, lasciando pensare voi per un attimo a quali possano essere stati i momenti nella vostra vita in cui vi siete sentiti manipolatori o manipolati. Di sicuro vi sarà capitato qualche volta di prendere determinate decisioni senza pensarci troppo, di scegliere un gusto di gelato piuttosto che un altro, un paio di scarpe semplicemente perché erano scontate o di andare ad una festa solo perché quella sera preferivate più facilmente evitare la birretta sul divano. Attenzione: la manipolazione è una scienza piuttosto precisa difficile da riconoscere nella realtà di tutti i giorni.

Per questo vi chiedo di pensare. Non si tratta di una banale scelta, anche perché nella nostra realtà, nella società in cui viviamo oggi, anche se non ce ne accorgiamo a primo impatto difficilmente possiamo dire di scegliere proprio con la nostra testa. Qui si aprono ovviamente numerosissime oserei dire infinite strade, viottoli, scorciatoie per provare a capire queste tecniche e questi metodi. Devo dire che andremo a trattare di un ramo più specifico della manipolazione mentale, ma che banalmente imparando le tecniche e i meccanismi che vi illustrerò in seguito, vi accorgerete anche voi che queste semplici nozioni possono facilmente essere applicate anche a numerosissimi altri campi del sapere. Nella realtà di oggi, difficilmente si tratta solo di soggetto manipolatore e di soggetto manipolato, difficilmente si tratta di un soggetto forte, statico e spaventoso che si avventa sul soggetto psicologicamente debole e indifeso.

Quando parliamo di manipolazione mentale oggi, parliamo di una scienza che si è sviluppata parecchio negli anni, parliamo di psicologia, psicanalisi, studio dei comportamenti della vittima, delle sue abitudini, dei suoi gusti, della sua vita. Purtroppo vi starete accorgendo anche voi in questo momento di come queste poche semplici descrizioni si applichino alla perfezione al mondo dei mas media e dei social.

Perché? Di certo ci tengo a precisare che non si tratta ancora di manipolazione mentale vera e propria, ci arriveremo man mano, ma facciamo attenzione a come vengano osservate le nostre vite e soprattutto da chi. Come andremo ad analizzare in seguito, il manipolatore mentale è generalmente una persona molto vicina a noi, e con questo non voglio assolutamente creare allarmismo, ma semplicemente mostrare come sia "facile" oggi accedere alle vite e alle abitudini delle persone. Dunque, per tornare al discorso iniziale, certamente non si tratta della scelta del gusto del gelato o di come addobbare la stanza, ma magari un velo di manipolazione mentale viene praticata anche dai social in funzione puramente attiva e gratuita. Ascoltando le primissime lezioni di scienze della comunicazione, gestione d'impresa, qualsiasi insegnante prima o poi dirà che quando un servizio viene offerto gratuitamente il prodotto è proprio la nostra persona, le nostre abitudini, la nostra immagine.

Piano piano ci addentriamo in un mondo che ci appartiene, un mondo che molti di noi conoscono bene, con cui hanno a che fare tutti i giorni. Il mondo di oggi è pervaso dall'online, da oggetti che diventano con il tempo astratti, da operazioni che vengono compiute sempre di più dalle macchine e dai computer, da social che ci vengono offerti gratuitamente ma a quale prezzo? Tuttavia questo non è nello specifico il tema di cui andremo a trattare all'interno di questo libro, come ho già detto, ma ci tenevo a fare un discorso generale su quali siano le "red flags" dei giorni d'oggi, evitando di parlare solamente di manipolatore e manipolato. Viviamo in un mondo pervaso dallo studio psicologico e della comunicazione, un mondo in cui semplicemente spuntando un piccolo quadratino generalmente in basso a sinistra diamo il nostro consenso alla diffusione e alla condivisione dei nostri dati da parte di siti internet ed altri servizi. Viviamo in un mondo pervaso dal marketing, dalla persuasione in termini lavorativi e aziendali che andremo ad approfondire anche noi in seguito, perché in fondo la manipolazione mentale non è sempre qualcosa di negativo. Attenzione anche qui: ci tengo a trattare l'argomento da un punto di vista meramente oggettivo. Non starò qui di certo a dirvi che la manipolazione mentale è qualcosa di cattivo e pauroso da evitare a tutti i costi, perché certamente a ciascuno di noi sarà già capitato di trovarsi nei panni di manipolatore e persino manipolato. Proprio per questi motivi ci tengo ad approfondire questa disciplina come scienza, allontanandomi il più possibile dagli stereotipi e dai luoghi comuni che si sono andati a formare con il tempo. La manipolazione mentale è sicuramente una scienza che dev'essere utilizzata oggi nel mondo del lavoro per garantire una certa efficienza, soprattutto in determinati ambiti. Il mondo del lavoro ancor più della nostra quotidianità è pervaso, avvolto da questi meccanismi che vengono studiati a fondo da persone incaricate.

Leggendo questo libro arriveremo a capire che la manipolazione mentale non è un male da cui fuggire a tutti i costi, non è un costante pericolo alle nostre spalle da cui dobbiamo allontanarci sempre e costantemente. Studiando la manipolazione mentale e le principali tecniche di persuasione saremo noi i primi a capire quando determinati meccanismi vengono messi in atto, come comportarci senza fuggire a priori e come agire anche quando non saremo noi i diretti interessati. Ciò che vorrei farvi capire è che ci si può addentrare sempre di più in questo ambito del sapere banalmente studiando e approfondendo qualsiasi altra disciplina: potremo in seguito studiare la psicologia (sicuramente una tra le più adatte per comprendere al meglio ciò di cui stiamo parlando), ma anche la scienza in generale che ci aiuterà a capire come analizzare oggettivamente dei dati, trarne delle conclusioni e pensare direttamente a delle soluzioni e a dei modi di agire; lo studio delle lettere, della retorica ci aiuterà notevolmente a comprendere dei meccanismi che vengono utilizzati per coinvolgere la vittima e farle credere di essere nel torto; la sociologia per analizzare l'essere umano. Si potrebbe continuare davvero all'infinito, e questo semplicemente per farvi capire che ciascuno di voi in seguito potrà approfondire queste tematiche in base a ciò che maggiormente gli interessa e fa al caso suo. Noi ci comporteremo un po' da funamboli, osservando dall'alto la maggior parte di queste scienze senza addentrarci nella profondità e nei dettagli di ciascuna di esse.

Ovviamente, tenderò a focalizzarmi sull'individualità e non sull'integrità di questa disciplina, tenderò a parlare dei singoli casi ed individui proprio per permettere a ciascuno di voi di comprendere al meglio ciò di cui si sta parlando e come queste argomentazioni vengano riprese nella quotidianità.

Naturalmente, possiamo già immaginare in partenza che ci troveremo davanti a casi più pericolosi e "studiati" da parte del manipolatore, così come naturalmente ci accorgeremo che molti degli atteggiamenti descritti vengono ripresi e messi in pratica naturalmente da molti tra i nostri amici. Non c'è da allarmarsi: proverò a descrivere e a farvi capire quando ci sarà il bisogno di allarmarsi e come comportarsi in queste situazioni, che si tratti di voi o di qualche vostro conoscente. Qual è la novità? Come vi avevo già detto, non andremo a trattare la manipolazione mentale da una prospettiva esclusivamente vittimista e proveremo a fornire ulteriori informazioni nel caso in cui si volessero attuare queste tecniche e questi studi per manipolare qualcuno. Ci tengo però a sottolineare che invito ad una manipolazione consapevole, una manipolazione che non punti allo sfruttamento e al logoramento dell'individuo, tenendo conto che ci potrebbero essere serie ripercussioni dal punto di vista psicologico soprattutto per la vittima, ma anche per il manipolatore stesso. Invito sempre a fare attenzione ed imparare a gestire quelle che sono le informazioni che vi verranno fornite. Per quanto riguarda il punto di vista del manipolatore dunque, andremo ad analizzare la psicologia della vittima, come capire quando agire, come agire, quali tecniche utilizzare per arrivare facilmente al nostro obiettivo. Ripeto che sarà importante mantenere una certa consapevolezza dell'argomento, tenendo in conto le sue numerose pericolosità anche da un punto di vista meramente legale.

Per quanto riguarda una focalizzazione da manipolatore, tenderò a far fuoco sugli usi di questa disciplina maggiormente da un punto di vista lavorativo, o comunque sotto aspetti che potrebbero essere utili per la società o per un gruppo di persone. Pensate ad esempio ai vari esercizi mentali che vengono fatti per distrarsi, per allontanare lo stress, per lasciar emergere i nostri migliori lati. E poi pensiamo invece agli esempi concreti di manipolazione mentale avvenuti nel passato, presentandone magari in anonimato qualche esempio tra i più celebri. D'altra parte, se vi è mai capitato di avere a che fare con dei soggetti manipolatori con delle situazioni psichiche piuttosto complicate e singolari, saprete meglio di me quanto è difficile uscire da quel circolo vizioso che è la mente e le tecniche di persuasione. All'inizio è come se non stesse succedendo nulla, vi sembrerà tutto normale, una banale conoscenza o un approfondimento della personalità di un vostro caro o di un conoscente, entrare in quel ciclo psichico vi farà perdere completamente la cognizione di voi stessi e della vostra personalità.

Non mi credete? So che inizialmente può sembrare strano, specialmente quando le persone non hanno mai avuto a che fare con situazioni o individui simili, ma nel mondo della psicologia, della criminologia, questi sono avvenimenti molto più frequenti del previsto, specialmente con il mondo dei social network in continua diffusione. C'è un forte dualismo nella nostra quotidianità: condannare i social perché sono fortemente pericolosi e dannosi per la salute mentale dei più giovani o accettare lo sviluppo e la modernizzazione di questi device e sofware istruendo i giovani sin dal principio all'utilizzo degli stessi? Non mi sento di intervenire in questo dibattito, ma lo lascio aperto per voi e per una futura riflessione a riguardo. Questo per dire che soprattutto nel mondo dei social, quando l'identità dei soggetti viene difficilmente verificata al cento per cento, casi di manipolazione mentale nei più giovani sono sempre più frequenti. Facciamo attenzione però a quello che sto per dirvi: un corretto utilizzo e controllo da parte di familiari o conoscenti (con il dovuto sopporto psicologico da chi di dovere) sarebbe l'ideale per evitare lo sviluppo continuo e la diffusione di questi fenomeni. Piccola digressione: facciamo attenzione a definire i trend, le mode e facciamo attenzione a non confonderle con quei meccanismi comunemente utilizzati per trarre in inganno i più giovani. Facciamo attenzione a quei gruppi anonimi, a numeri di telefono che vengono diffusi in modo poco chiaro, facciamo attenzione alle famosissime sfide che ultimamente sono sempre più in voga e che riescono a coinvolgere giovani e giovanissimi. Molti disturbi, sfide, rapporti amorosi o banalmente amicali tossici si basano su questi meccanismi di persuasione e di manipolazione mentale. Tuttavia, tenendo comunque bene a mente le più pericolose e costruite / architettate forme di manipolazione mentale, la popolazione di massa viene generalmente colpita in minima parte, in percentuali quasi impercettibili per il soggetto, che però si ripercuotono fortemente sui piani alti e su chi le pensa e le realizza. I meccanismi mentali sono oggi potentissimi e solo imparando a riconoscerli saremo in grado di allontanarcene in minima parte. Secondo le mie ricerche e le mie esperienze, è difficile che oggi qualcuno di noi riesca effettivamente ad allontanarsi in toto da questi meccanismi. Pensiamo alle mode, pensiamo agli influencers il cui compito è proprio quello di influenzare, di persuadere, di convincere all'acquisto, alla consultazione di materiale che forse non avremmo mai necessitato in precedenza. Abiti alla moda, siti internet creati per seguire le mode, per vendere prodotti in grande quantità tralasciando e limitando l'eco sostenibilità e la cultura del riciclo in questi anni sempre più fiorente. Prodotti della pelle, prodotti per il corpo, prodotti per le mani, prodotti per i capelli, prodotti per lavare abiti ecce cc.

Possiamo dire che questa sia manipolazione mentale? Io credo di no, ma in base a cosa scegliamo un prodotto per i capelli piuttosto che un altro? Perché un determinato shampoo o un sapone, perché proprio quello? Qui entriamo nei campi che vi suggerivo prima del marketing e della comunicazione. Banalmente i colori, i font delle scritte, il modo in cui esse vengono disposte sul contenitore, le pubblicità sono solo alcuni tra i possibili esempi che potrei fare che ci portano ad acquistare un prodotto piuttosto che un altro, e molto spesso ciò per noi avviene in modo del tutto inconsapevole. D'altronde però, sono queste le forme "lievi" di manipolazione mentale di massa che dal mio personale punto di vista è più difficile evitare nel mondo di oggi. La bravura sta nell'accettare che questi meccanismi lavorativi esistano, capire magari come funzionino e passare oltre. Il mio scopo non è assolutamente quello di creare allarmismo ma scendere sempre più nel dettaglio per fare luce su quelle che sono sempre state le ombre del mondo della manipolazione mentale. Proprio per questo motivo secondo me è molto più utile trattare di soggetti singoli piuttosto che di manipolazione di massa, perché è più semplice comprendere la psicologia di una singola persona e il movente, e sarà anche più semplice comprendere come agire e come comportarsi in queste situazioni. Nei prossimi capitoli dunque ci addentreremo sempre di più in questo mondo, dando delle definizioni più tecniche, più scientifiche e più precise della manipolazione mentale, per poi approfondire ancor maggiormente le tecniche dando esempi pratici e semplici da capire, con le dovute spiegazioni. Il mondo della manipolazione mentale vi sembrerà adesso vasto e difficile da comprendere, ma vi assicuro che una volta mostrate le tecniche sarete in grado anche voi di applicarle a tutti gli altri ambiti del sapere. Sarà un approccio con lo scopo di volgere dal particolare all'universale, una riflessione personale che viene richiesta al lettore in modo tale che esso stesso sarà in grado di diventare parte del libro, e il libro diventerà parte di sé anche al termine dell'esercizio di lettura. Si tratta di nozioni e di conoscenze teoriche che porterete con voi durante la vostra quotidianità, che proverete a riconoscere nel vostro piccolo per quanto riguarda voi stessi, i vostri amici e i vostri conoscenti, e sarete anche in grado di aiutare le medesime persone nel caso in cui avessero dei dubbi o degli strani incontri. Imparerete ad avere a che fare con i manipolatori nel modo più semplice che esista, ossia entrando nella loro testa ed imparando a manipolare voi stessi dal principio. Saprete come difendervi, come comportarvi nel caso in cui aveste bisogno di "studiare" qualcuno, o nel caso in cui qualcuno stia cercando di studiare voi. Vi ricordo sempre di fare attenzione e di interpretare nel modo più oggettivo possibile le mie parole, che proveranno ad essere anch'esse scientifiche. Un mondo così ampio che riguarda la società, che riguarda tutti noi all'ennesima potenza, e allo stesso tempo un mondo così piccolo, semplice e ristretto che può essere riapplicato alla vita di ciascuno di noi nel proprio piccolo. Un mondo di psicologia, di studi, di ricerche e di osservazione, ma anche un mondo di spontaneità, di inconsapevolezza e di ignoranza. Un mondo di terrore, di persuasione, di coinvolgimento e di ostacoli così come un mondo apparentemente perfetto e privo di alcun tipo di problema. Il rapporto tra manipolatore e manipolato è sicuramente uno tra i rapporti più belli e più complessi di sempre, un rapporto in cui anche senza l'utilizzo della parola vi sono intere discussioni, un rapporto in cui le persone coinvolte dipendono l'una dall'altra e che compiono gesti estremi con una semplicità unica. Il rapporto del sacrificio, dell'amore tossico che ha alla base l'essere umano.

Questo è lo studio che andremo ad approfondire noi per quanto possibile, lo studio dell'essere umano in quanto tale. Lo studio dei suoi comportamenti, della sua psiche senza giustificazioni o giudizi di alcun tipo, l'essere umano che si comporta da essere umano perché è un essere umano.

CAPITOLO 2. COS'E' LA MANIPOLAZIONE MENTALE

Eccoci finalmente all'inizio di questo viaggio volto proprio alla comprensione della manipolazione mentale in quanto ancora scienza generica, ma che ci permetterà di scendere un po' più nei dettagli. Abbiamo visto che nella realtà di tutti i giorni difficilmente riusciamo ad identificare tutti quei singoli meccanismi che potremmo chiamare "manipolatori" sia a fin di bene che a fin di male. Tuttavia, sappiamo anche che il nostro compito non è certo allontanarci da tutte le possibili influenze demonizzandole e vedendole come il male assoluto: sarebbe letteralmente impossibile vivere in una bolla, e probabilmente anche nella nostra stessa bolla saremmo soggetti ad influenze e a manipolazioni esterne.

Il problema sta proprio nel fatto che in quanto esseri umani e zoònpoliticòn siamo portati alla socializzazione e alla comunicazione per natura. Ciò che infatti differisce l'uomo da tutti gli altri esseri viventi è proprio quella capacità comunicativa che ci permette di trasmettere informazioni così come avviene in questo stesso momento. Con questo cosa voglio dire? Voglio dire che sarà certamente impossibile evitare ogni tipo di influenza esterna proprio perché ci sarà impossibile evitare ogni tipo di comunicazione. Queste sono le fondamenta della manipolazione mentale, dell'essere umano. Senza comunicazione e senza influenze esterne non esisterebbe la manipolazione mentale. Ciò che ora noi intendiamo parlando di manipolazione mentale è solo una delle conseguenze del nostro essere umani. Dunque, per farla breve, non possiamo scegliere di cancellare o di elidere dal nostro percorso di vita esperienze manipolatorie o da manipolati. I rapporti umani nascono e si sviluppano con una base di comunicazione verso l'esterno proprio in quanto rapporti. Si presuppone sempre che le persone siano tali per ciò che hanno vissuto, per le loro esperienze, per i loro gusti personali, il loro lavoro, i loro studi passati o i loro hobby. Pensiamo banalmente a come avviene una conoscenza partendo da zero. Due persone devono conoscersi, generalmente si fanno sempre quelle solite domande clichè per capire con chi si ha a che fare, se quella persona possa essere o meno "compatibile" con il nostro carattere, con le nostre abitudini e il nostro modo di essere. Ancora più semplicemente, ciò che siamo e ciò che gli altri vedono di noi non è altro che il frutto delle influenze del mondo esterno su di noi. Ritorniamo all'esempio della conoscenza, perché scegliere proprio un determinato abito? Truccarsi o non truccarsi? Scarpe alte o scarpe basse? Cravatta o camicia sbottonata? Capelli pettinati o fascino dello scompiglio? Il modo in cui ci presentiamo, i giudizi e le critiche che ci possiamo fare allo specchio, la maggior parte delle volte si basano su esperienze passate, su commenti o complimenti che abbiamo ricevuto da amici, colleghi, familiari. "Come ti sta bene quella giacca!", e puntualmente ogni giorno non riusciamo ad indossarne un'altra.

Dobbiamo infatti entrare in un'ottica diversa, provare a comprendere che l'essere umano, l'individuo, non sarà mai qualcosa di finito, qualcosa di circolare e perfetto immune dai cambiamenti. La persona che noi conosciamo è solamente un flusso di esperienze, un continuo mutamento di immagini, di ricordi e di emozioni che non può interrompersi così facilmente. Proviamo ad intendere l'essere umano come una sorta di sistema aperto, che muta e si amplia di giorno in giorno. Gli esseri umani tra di loro, tra di noi, non possono fare a meno di scambiarsi delle idee, pareri, di influenzarsi di continuo, inconsapevolmente, così come mangiamo e respiriamo giornalmente diamo dei giudizi ed influenziamo le altre persone. Ma allora di questo passo non finiremmo più, invece possiamo dare una sostanziale definizione e separazione dei termini influenza esterna e manipolazione mentale: cosa separa questi due concetti? Beh, ci sarebbero anche qui studi approfonditi da condurre, ma possiamo dire che per molti studiosi la sostanziale differenza sta nell'intenzione. Come abbiamo già detto, l'essere umano è portato a scambiare delle nozioni con gli altri e a fare giudizi sempre e costantemente, influenzando l'altro in maniera inconsapevole. Eccoci qui, quando andiamo a parlare di influenza, parliamo generalmente di nozioni e giudizi che vengono espressi a fin di bene, o senza comunque accorgersene più di tanto. La manipolazione mentale la maggior parte delle volte è diversa dall'influenza esterna proprio perché è un atteggiamento, un comportamento che viene attuato in maniera consapevole nei confronti di un'altra persona e soprattutto a fin di male.

Cosa vuol dire? Non è detto che un manipolatore voglia il male fisico o psicologico di una persona, o almeno non è sempre così. Lo definiamo un comportamento a fin di male perché generalmente lo scopo del manipolatore è quello di portare il manipolato a compiere le azioni da lui volute in modo tale che la vittima le faccia inconsapevolmente. Mi spiego meglio, il manipolato agirà come se non fosse successo nulla, come se lui o lei si comportasse così perché è naturale farlo, perché è quello che gli o le va di fare in quel determinato momento. Fino a qui tutto bene, il problema è che magari ci sono state delle pressioni, o delle tecniche ben precise da parte del manipolatore che hanno portato la vittima a comportarsi proprio in quel modo, a scegliere proprio quella direzione, quella festa, quella serata... Non finisce qui.

Tra le altre differenze sostanziali possiamo trovare il modo in cui viene proposta una determinata richiesta, l'insistenza o il grado di pressione che si esercita sull'altra persona. Non abbiate paura di essere manipolatori, generalmente se vi ponete questi problemi o vi sorgono questi dubbi non lo siete, se avete a voi care quelle persone significa che probabilmente ciò che avete fatto non lo avete fatto a fin di male. Insistere per compiere determinate azioni, provare a convincere qualcuno ad andare ad un evento, ad affrontare le sue paure o ad andare avanti nonostante tutto non sono di certo atteggiamenti manipolatori. I manipolatori sono i migliori soggetti in grado di nascondere la pressione e l'intensità con cui viene fatta una determinata richiesta: sanno come pressare il soggetto, quando farlo e soprattutto come agire in modo tale che il soggetto manipolato stesso non se ne accorga. Dunque non ponetevi nemmeno il dubbio, i consigli che date ai vostri amici saranno sicuramente fonti di influenze per lui, ma di certo non saranno considerati come atteggiamenti da manipolatori professionisti. Come dicevo anche in precedenza, il manipolatore agisce al fine di portare il manipolato a compiere determinate azioni a sua insaputa. Il manipolatore sa come persuadere la propria vittima senza che essa si accorga di essere stata forzata, di essere stata spinta a comportarsi in un determinato modo, a prendere proprio quella scelta. Per questo motivo molto spesso i manipolatori sono quei tipi di persone che non ci aspetteremmo a primo impatto: persone che sembrano volere il nostro bene, che sembrano conoscerci a fondo e sapere sempre cosa faccia al caso nostro sempre e comunque. Attenzione, ci tengo comunque a dire che non dovete colpevolizzarvi se siete stati frutto di atteggiamenti manipolatori, quello che sto cercando di dire è che proprio il fatto che non ve ne siete accorti è fondamentale per il soggetto attivo. Non si tratta di intelligenza, si tratta più che altro di psicologia, di una leva costante sui nostri sentimenti e sui nostri punti deboli, tanto che è molto difficile che qualcuno di noi se ne accorga senza aver studiato prima o aver provato almeno a conoscere quelli che sono gli atteggiamenti manipolatori più diffusi e più praticati. Proprio per questo motivo non dobbiamo sentirci stupidi o in colpa, e proprio per questo motivo molti altri studiosi riescono a vedere e a mettere in luce i "lati positivi della manipolazione mentale", andando a promuovere proprio questo lato di inconsapevolezza. Senza esagerare, diciamo che potrebbe comunque trattarsi di un ottimo rapporto per entrambe le parti fino a quando uno dei due cederà al gioco, alla finzione. Sembrerà tutto perfettamente architettato e funzionante, ma prima o poi il soggetto attivo o il soggetto passivo inizierà a porsi delle domande, inizierà a chiedersi se effettivamente ne valga la pena di continuare così o semplicemente aprirà gli occhi e inizierà ad indagare più lucidamente (di solito con l'aiuto e il supporto di altre persone). Generalmente attraverso questi meccanismi il manipolatore sarà il grado di ottenere ciò che preferisce, mentre il manipolato rimane convinto di aver agito liberamente evitando scontri e confronti verbali con l'altra persona. I problemi e le conseguenze peggiori nascono nel momento in cui questo rapporto manipolatorio va avanti col tempo e si protrae sempre più. Questo perché vanno a scattare determinati altri meccanismi psichici che portano ad una vera e propria dipendenza dal manipolatore da parte del manipolato. Tuttavia ciò inizia a generare in loro una sorta di consapevolezza, la lucidità del comprendere magari che ciò che stanno facendo non è frutto di loro stessi, dei loro bisogni e necessità, ma che vengono portate a compiere determinate azioni senza il loro pieno controllo.

Queste sono caratteristiche tipiche dei rapporti di dipendenza, in cui l'individuo riesce a ragionare e ad analizzare la situazione più o meno lucidamente, ma senza mai riuscire a pieno a liberarsene. Generalmente si tratta di persone che si sentono intrappolate, dipendenti, che vivono oppresse da un sentimento di paura costante, che sono animate dalla voglia di allontanarsi, di fuggire e di scappare da quella prigione mentale ma che quasi sempre non sanno come fare o a chi chiedere aiuto. Quando andiamo ad analizzare questi rapporti di dipendenza estrema, la manipolazione mentale non è più centrale, e tutte le definizioni date in precedenza assumono una valenza minore e meno rilevante. Per dare comunque un'idea generale, è molto probabile che individui con una personalità e un carattere più debole siano i più inclini a dipendere psicologicamente da altri e a cadere in balìa di quei meccanismi di persuasione e di manipolazione mentale che portano ad essere presieduti dai soliti leader carismatici dalla personalità forte. Tuttavia non è sempre così, come avevo anche accennato in precedenza, ma andremo a dare un volto e dei tratti più precisi quando parleremo di come riconoscere un manipolatore e come scoprire in anticipo le sue tecniche. Generalmente comunque, per terminare il discorso, si tratta di persone che vogliono sentirsi parte di un gruppo, che preferiscono aderire a delle usanze a delle ritualità e a delle abitudini pur di non far sentire la propria voce all'interno della comunità. La manipolazione mentale è dunque l'insieme di tutte queste nozioni, dalla capacità di entrare nella mente di una persona per "controllarla", per farla agire secondo il nostro piacimento e secondo la nostra volontà, ma prestando attenzione a non instaurare quel rapporto eccessivamente duraturo nel tempo che porterebbe ad una dipendenza totale dal manipolatore e che porterebbe però ad una maggiore consapevolezza da parte della vittima. Abbiamo capito che manipolare non significa influenzare, che nella nostra cerchia di amici ci sarà sempre e comunque qualcuno che non riuscirà proprio a tenere la bocca chiusa e che non farà altro che giudicare, ma che non per questo egli dovrà sentirsi un manipolatore. Abbiamo capito che le influenze esterne e i giudizi altrui faranno sempre parte della nostra vita di tutti i giorni, che non possiamo allontanarcene completamente e che dobbiamo imparare a conviverci. Ora sappiamo che agire con dei fini secondari per portare altre persone a compiere azioni secondo il nostro volere e a loro insaputa potrebbe essere considerato come un atteggiamento manipolatorio da parte nostra.

Sappiamo che dobbiamo prestare attenzione a coloro che a primo impatto sembrano capire tutto di noi, coloro che in qualche modo continuiamo ad accontentare senza capirne bene il motivo, coloro che sembrano sempre volerci bene e mettere noi prima di tutto nonostante magari abbiamo ricevuto degli avvertimenti e dei consigli da parte di altre persone (che più probabilmente volevano il nostro bene prima di tutto). Nei prossimi capitoli arriveremo finalmente alla parte più interessante, più tecnica ed esemplificativa di tutto il libro. Andremo a parlare di come fare a riconoscere un manipolatore partendo da un profilo più generale, individuando quelle che sono le caratteristiche più diffuse e più conosciute tra questi soggetti. Agiremo in modo oggettivo, in modo da non creare allarmismo ma con lo scopo unico di fare informazione e di permettere a ciascuno di voi di capire da che parte stare, come agire e come arrivare ai vostri obiettivi qualunque essi siano. Il compito del manipolatore non è di certo un compito semplice, sono richieste determinate capacità, determinati istinti e una forte osservazione.

Bisognerà avere tanta pazienza, imparare a conoscere la vittima, studiare e studiare quelle che possono essere le tecniche più efficaci per poi provare in un secondo momento a metterle in pratica. Che poi, se proprio vogliamo dirla tutta, il compito del manipolatore è realmente il più difficile, perché consapevolmente si occupa di una persona che compie delle azioni a sua insaputa, e che quasi sicuramente si fida ciecamente del suo stesso burattinaio.

CAPITOLO 3. IL PROFILO DI UN MANIPOLATORE: COME IDENTIFICARLO FACILMENTE

Finalmente arriviamo a parlare dei tecnicismi tanto desiderati, alla concretezza, arriviamo a toccare con mano le nostre esperienze, le nostre abitudini e la nostra quotidianità per andare alla ricerca di quei dettagli, quegli atteggiamenti che possono ricondurci ad un manipolatore.

Qualunque sia la vostra prospettiva nella lettura di questo libro, sicuramente sarete in grado di trovare delle informazioni utili sia che voi vogliate riconoscere un manipolatore o che vogliate mimetizzarvi al meglio per diventare uno di essi. Naturalmente, preciso per l'ennesima volta che non potrebbe esistere un unico profilo descrivibile ed adattabile ad ogni tipo di manipolatore. Le informazioni che vi fornirò saranno sicuramente informazioni tratte dalle statistiche, da una maggioranza e da studi condotti dai dovuti individui che ci hanno permesso di creare un filo conduttore nel mondo della psicologia e nelle menti di questi personaggi.

Come credo sappiate, la mente è semplicemente una parte di noi, che riflette però all'esterno molti dei suoi meccanismi attraverso i gusti personali, il modo di comportarsi, di vestirsi e di agire nel nucleo sociale e familiare. Andremo infatti ad analizzare il più possibile questo tipo di informazioni, per provare a capire quali siano i tratti più generali che ci permettono di identificare un manipolatore e in tal caso come comportarsi e come agire per evitare di creare un'eventuale situazione di pericolo. Come già sappiamo, manipolatori o manipolati, ciascuno di noi prima o poi almeno una volta nella sua vita si troverà in situazioni di questo tipo. Sicuramente ci sarà già capitato anche di sentirci noi stessi dei manipolatori, di chiederci se il modo in cui ci stiamo comportando sia effettivamente quello giusto o se magari non stiamo forzando troppo la mano con i nostri amici pressandoli ed insistendo nel fare una determinata cosa.

Naturalmente, non per esagerare, ma penso che a ciascuno di noi piacerebbe controllare per qualche momento la mente e la vita di un'altra persona per far compiere ad essa azioni volte al nostro bene e non al suo. Ci sarà passato per la testa almeno una volta nella nostra vita di provare a persuadere qualcuno a fare delle cose che magari non fossero proprio nelle corde o nei pensieri dell'altra persona. Il problema nasce però dal momento in cui questi atteggiamenti si fanno sempre più frequenti e insistenti sia da parte nostra che da parte di un secondo individuo nei nostri confronti.

Questo tipo di comportamenti infatti, come accennato in precedenza, potrebbe sfociare in una vera e propria violenza psicologica, andando a ledere in modo più o meno grave manipolatore e vittima (soprattutto). Facciamo attenzione a non giocare troppo con i sentimenti della gente, che possono rivelarsi fortemente imprevedibili soprattutto quando si hanno nozioni di questo tipo. Arriviamo quindi al dunque, possiamo finalmente iniziare a fornire quel tipo di informazioni che ci porteranno concretamente ad ottenere nozioni utili e si spera anche funzionali. Quindi, quando parliamo di manipolazione mentale parliamo di un fenomeno in forte sviluppo soprattutto in questi ultimi anni, nella società di oggi che permette a questi soggetti di sfruttare al meglio le loro capacità coinvolgendo anche tramite i social network i soggetti migliori e più "adatti" ad essere persuasi. Ovviamente, per riprendere il discorso affrontato precedentemente, si presuppone che la vittima stessa non si accorga inizialmente del meccanismo che viene messo in atto, e che penserà di comportarsi e agire normalmente secondo il suo unico volere.

Questo accade generalmente perché il soggetto attivo manipolatore nei suoi discorsi potrebbe apparire fortemente aggressivo o privo di logica. Teniamo bene a mente che la parola, la retorica e la comunicazione è la prima arma da sviluppare e da perfezionare per diventare un ottimo manipolatore. Un manipolatore deve saper parlare, deve saper convincere, deve saper persuadere soprattutto con il solo utilizzo della sua voce e delle sue parole. Dunque devono essere in grado di coinvolgere la vittima, di farle credere nonostante tutto che quello che stia dicendo abbia un senso, che non sia semplicemente il frutto di studi e studi di retorica o di capacità innate. Una delle loro caratteristiche principali è proprio quella di tendere a ribaltare frequentemente la realtà, incolpando sempre l'altra persona degli avvenimenti o delle cose che succedono senza nemmeno dar voce alla vittima, senza nemmeno ascoltarla. Non fornire questa possibilità è infatti un'altra parte centrale tipica del compito del manipolatore. Naturalmente non bisogna permettere all'altra persona di comprendere, di potersi esprimere, perché potremmo rischiare di essere scoperti e soprattutto i nostri meccanismi manipolatori di retorica potrebbero assumere una minore funzionalità.

Per far sì che le nostre parole inizino ad assumere un significato, da manipolatori non dobbiamo fare altro che assumere la giusta tonalità, la giusta postura e la giusta sicurezza in modo tale che qualsiasi cosa diciamo, verremo creduti dalla vittima, che non avrà la possibilità di discutere o di ribellarsi a ciò che diciamo e che finirà dunque per arrendersi credendo a ciò che stiamo cercando di comunicare. Questo col tempo è in grado di generare una serie di eventi in cui la vittima inizierà a credere di essere realmente lei la causa di tutti questi insuccessi, questi eventi di cui le viene attribuita la colpa. Il soggetto passivo inizierà a sentirsi fortemente insicuro, colpevole, stanco e privo di tutte quelle energie che magari inizialmente provava a sfruttare nel tentativo di ribellarsi o far valere la propria parola. È proprio per questo che il manipolatore limita la libertà della vittima, proprio per farla sentire obbligata ad ascoltarlo, per far sì che diventi un comportamento e un meccanismo quasi immediato nella mente dell'altra persona. Questo è un tipo di pressione che man mano potrebbe generare forti momenti di stress andando a minacciare persino la salute stessa dell'individuo e la sua integrità. Facciamo attenzione e proviamo sempre a far valere la nostra parola, ma senza mai perdere le speranze e senza usare tutte le nostre energie: non arrendiamoci perché ci sentiamo troppo stanchi, mettiamo davanti le nostre priorità ed alziamo la voce, sempre. Arriviamo dunque alla descrizione di quello che potrebbe essere l'ideal tipo del manipolatore: quali sono le sue caratteristiche concrete? A cosa dobbiamo prestare attenzione quando analizziamo l'individuo? Generalmente, potrebbe trattarsi di un individuo piuttosto insicuro, ma che nonostante tutto è evidentemente molto intelligente e consapevole.

Questo potrebbe generare un certo tipo di scontro o di contrasto, essendo che il tipico modo di agire del manipolatore è spesso dominante, prevaricante o prepotente. Tuttavia, chi studia o sta studiando le basi della psicologia probabilmente sa che soprattutto l'individuo più insicuro sente il bisogno di emergere, di esercitare un controllo continuo sulla vittima in un modo il più possibile intelligente o quantomeno astuto. Non commettiamo l'errore di pensare che il manipolatore agisca d'impulso e che le sue azioni siano la maggior parte delle volte imprevedibili e incontrollabili. Il manipolatore quasi sempre sa cosa sta facendo, perché ritiene che i suoi meccanismi siano infallibili o che comunque siano il frutto di studi e di pensieri a riguardo. Si tratta di individui da un quoziente intellettivo davvero molto elevato, ma bassissimo per quanto riguarda invece un dato numerico relativo alla rilevazione delle emozioni (comunemente chiamato quoziente emotivo).

Per riprendere un famosissimo psicologo e studioso quasi contemporaneo, ossia Daniel Goleman, possiamo dire che egli infatti sia quasi privo di quel tipo di intelligenza definita come intelligenza "del cuore". Per quanto riguarda invece il lato economico, generalmente si preferisce dire che il manipolatore possa appartenere a qualsiasi ceto sociale senza destare particolari sospetti, anche se alcuni credono che detenendo naturalmente più potere, una persona sia più portata e più facilitata alla manipolazione. Si tratta di individui che si basano proprio sulla psiche, su un tipo di violenza che potrebbe essere a tutti i costi invisibile, individui che non vogliono sporcarsi le mani, che non sono rozzi e che probabilmente non sarebbero in grado di alzare un dito. Per questo motivo si focalizzano su un tipo di violenza che è puramente mentale, psicologica, invisibile a primo impatto. I manipolatori sono in grado di portare la vittima a dei fortissimi episodi di stress, di panico, di ansia, persino di autolesionismo o tentativi di suicidio, ma quasi mai saranno in grado essi stessi di fare del male fisico in modo diretto a qualcuno. Come già detto, non si è immuni solamente avendo un carattere forte o più predominante: il manipolatore farà sempre leva su due sentimenti, due emozioni che sono un po' i punti deboli di ciascuno di noi, ossia il senso di colpa e la paura. Questi sono meccanismi in grado di distruggere letteralmente in mille pezzi la nostra autostima, il nostro ego, portandoci a dipendere completamente da una persona che magari non conosciamo a tutti gli effetti o che ci sta molto chiaramente controllando senza il nostro volere. Naturalmente, bisogna prestare maggiore attenzione quando voi manipolati venite spesso descritti come empatici o ingenui.

La capacità di comprendere i sentimenti altrui, di assecondarli e di provare a migliorare la situazione dell'altra persona è sicuramente uno svantaggio in termini di manipolazione mentale, sicuramente lo è quando viene assecondata da una certa dose di ingenuità. Molti di noi verranno sicuramente apprezzati per quella loro dote naturale, capacità di non vedere subito il male nel prossimo, di presupporre che naturalmente bisognerebbe volere il bene altrui senza focalizzarsi troppo sui lati negativi della vita.

Eppure se siete questo tipo di persone, prestate una maggiore attenzione, avete alcuni tra i tratti caratteriali principali richiesti e ricercati dai manipolatori più diffusi. Gli empatici partono spesso dal presupposto che tutti debbano un po' essere empatici nella loro vita, in modo tale da diffondere del bene il più possibile e di cercare di mettere a proprio agio ogni tipo di persona, certamente non è così, e la manipolazione mentale ne è una prova. Facciamo attenzione: molte tra le caratteristiche descritte in questo capitolo ci permetteranno di far caso o quanto meno di riflettere su dei soggetti che potrebbero essere manipolatori nei nostri o nei confronti di qualsiasi altra persona. I manipolatori possono persino arrivare a compiere violenze psicologiche, rapporti che si basano sulla forte dipendenza del manipolato nei confronti del manipolatore, e tutto questo porterebbe a conseguenze molto serie nel caso in cui il manipolato fosse in grado di sconfiggere questi meccanismi per tornare nella sua condizione mentale abituale. La maggior parte delle volte le vittime sono poi dei soggetti che necessitano quantomeno di supporto psicologico, di supporto da parte dei propri familiari e delle persone care, e che generalmente non riusciranno facilmente a rimettere i piedi per terra abituandosi alla normalità una seconda volta. Le vittime avranno dunque forti problemi di fiducia, difficilmente riusciranno a credere nel prossimo, per non parlare poi delle successive unioni d'amore nei confronti delle altre persone. Sarà molto difficile riuscire a ristabilire dei rapporti e delle relazioni sane, ma nonostante tutto si tratta comunque di qualcosa di possibile.

Per il manipolatore invece, non abbiamo poi notizie così positive. La personalità del manipolatore è generalmente una personalità che tende a non mettersi in discussione, che continua a far prevalere la sua arroganza ed aggressività rinunciando ai vari aiuti e piuttosto allontanandosi anche dagli aiuti stessi. Il manipolatore per essere "guarito" dovrebbe raggiungere un determinato stato di consapevolezza, ma è un caso molto più raro e più difficile che solo poche volte si è in grado di analizzare e verificare. Dunque per concludere possiamo dire che il manipolatore assume degli atteggiamenti che possiamo riconoscere e che possiamo identificare come bandiere rosse da cui stare alla larga o come allarmi iniziali. Generalmente i manipolatori sono soggetti narcisisti, ma possiamo trovarci anche di fronte a casi in cui l'atteggiamento manipolatorio sarebbe meno riconoscibile. Il suo essere però arrogante e narcisista non verrà però messo in mostra subito, infatti il manipolatore si presenterà come un individuo timido, debole e insicuro, magari anche passivo nello scopo di sfruttare la vittima e raggiungere i suoi obiettivi.

Quando parliamo di manipolatori parliamo inoltre di persone che non sono particolarmente empatiche, che faticano a capire l'altro e ad immedesimarsi in altre situazioni, poche volte sono realmente in grado di aiutarlo e di comprenderlo al meglio. Il suo obiettivo primario è quello di occuparsi di se stesso, come avremo capito, e di farlo utilizzando tutti i mezzi possibili. È un individuo fortemente difficile da riconoscere soprattutto quando è estremamente ambivalente e confonde la vittima: la maggior parte delle volte inizia chiedendo poche e semplici cose per poi complicare il rapporto e chiedendo sempre di più. Il soggetto attivo è in grado di far sentire amata la propria vittima, di farla sentire a suo agio, in un'aura quasi di felicità, per poi solo in un secondo momento farla precipitare nel buio più profondo.

CAPITOLO 4: LE TECNICHE DI UN MANIPOLATORE

Bene, possiamo finalmente dire di essere arrivati al momento clue di tutta la lettura. In questo capitolo ci focalizzeremo su quelle che sono le tecniche principali messe in pratica dai vari manipolatori per coinvolgere e "conquistare" la propria vittima.

Anche per quanto riguarda questo capitolo, naturalmente andremo a trattare la questione in un modo piuttosto generale, per permettere una maggiore comprensione dell'argomento e per far sì che le descrizioni possano includere il maggior numero possibile di soggetti manipolatori.

Come sappiamo, è difficile riuscire ad identificare un metodo, una strategia che possa essere universale e adattabile ad ogni tipo di manipolatore, ma attraverso questi esempi spero di riuscire ad includerne comunque un buon numero. Tratteremo di tecniche nello specifico, di meccanismi comportamentali e di abitudini che vengono appunto attuate e praticate nella maggior parte dei casi dai manipolatori. Diciamo che, in base a ciò che è stato detto in precedenza dovremmo fare attenzione se siamo individui conosciuti soprattutto per la nostra ingenuità, bontà, tendenza a guardare sempre il lato positivo delle cose e a voler bene tutti. Per quanto mi piacerebbe invitare tutti ad un simile comportamento volto al bene comune e all'empatia, è molto difficile dire che se fossimo tutti i così si eviterebbero la maggior parte dei problemi: guardiamoci negli occhi, purtroppo non è così. Sicuramente nel nostro gruppo di amici ciascuno di noi avrà il ragazzo diffidente, chiuso ed introverso con problemi di fiducia, e il ragazzo che "tranquilli, cosa volete che succeda?".

L'ideale sarebbe sempre la via di mezzo, come avrebbero detto i greci, ma purtroppo quando questo non si può evitare è bene iniziare a porsi un maggior numero di domande e provare a prestare anche maggiore attenzione quando ci troviamo davanti a persone che rispettano l'identikit precedentemente illustrato e che magari si comportano come presenteremo in seguito. Con questo naturalmente non invito nessuno ad un costante stato d'allerta, dico semplicemente che molti di questi meccanismi potrebbero essere messi in atto giornalmente da ciascuno di noi, ma che nel caso in cui il rapporto si facesse progressivamente più chiuso e più insistente dovremmo sforzarci di tenere gli occhi ben aperti e di provare ad uscire da quella bolla di illusioni che possono essere create proprio dal manipolatore stesso. Il mio invito rimane quello di evitare di lasciarsi travolgere troppo in fretta dalle emozioni soprattutto quando vi accorgete che col tempo i vostri cari vi mandano dei segnali di allarme, quando vedete che le persone che vi vogliono realmente bene vi consigliano di allontanarvi da quella persona, di non lasciarvi coinvolgere troppo, anche se questo consiglio ovviamente non è adattabile in maniera universale.

Dopo aver visto quelli che sono i principali comportamenti in modo più che altro generale, passiamo ad analizzare più nel dettaglio quelle che sono le vere e proprie tecniche più diffuse dei manipolatori del giorno d'oggi.

Dunque, come già sappiamo, il manipolatore cercherà di far leva su quelli che possono essere i punti deboli più comuni, sfruttando il più possibile quelle che sono le emozioni legate alla paura e al senso di colpa. Come affermano diversi psicologi, affinché una manipolazione sia efficace, è necessario che esso stesso agisca secondo determinate regole e comportamenti, sviluppando e migliorando alcune tra le caratteristiche principali dei manipolatori. Con questo andiamo ad approfondire più nello specifico il sentimento di aggressività dello stesso soggetto attivo. Cosa voglio dire? Per natura, il manipolatore proverà il più possibile a nascondere la sua aggressività, non lasciando trasparire le sue reali emozioni e sensazioni.

Per questo motivo, per far sì che la manipolazione abbia una maggiore possibilità di successo, il soggetto attivo proverà a mettere in atto alcune tra le principali forme di mascheramento dell'aggressività. Possiamo presentarne due tra le più diffuse, ossia: forme passivo aggressive come ad esempio il silenzio o l'ostilità indiretta, oppure una forma di aggressività che possiamo chiamare aggressività relazionale che includerebbe principalmente la distruzione dell'autostima della vittima e delle sue sicurezze. In questo modo il manipolatore, indebolendo la vittima da un punto di vista meramente psicologico, sarà in grado di agire più facilmente attuando dei veri e propri schemi di manipolazione.

Oltre a questa caratteristica fondamentale, possiamo trovare il forte divario e distacco tra lui e la sua vittima. Il manipolatore proverà a rimanere sempre distante da un punto di vista emotivo, e verrà evidenziata fortemente la sua insensibilità, la sua mancanza di senso di colpa nei confronti della vittima e delle tecniche che verranno messe in atto. Come abbiamo già detto però, nonostante l'apparenza, il manipolatore rimane comunque un soggetto piuttosto debole e insicuro, proprio per questo motivo una delle sue tecniche sarà proprio quello di proiettare le sue mancanze e i propri sentimenti di inferiorità in modo tale da far sentire in colpa la sua vittima. Lo scopo del manipolatore rimane sempre quello di volgere gli eventi a suo favore, e facendo in questo modo gli sembrerà di uscirne vincitore da un rapporto in cui non vi è stato scambio dialettico o fisico di alcun tipo e soprattutto un rapporto in cui viene indebolita e danneggiata l'altra persona.

Un'altra tra le tecniche più utilizzate e sicuramente anche più conosciute per merito di cinematografia e libri, è quella capacità o tentativo di distorcere sempre la realtà. Questo si verifica spesso durante una possibile (probabile) discussione con il partner. Anche chiamata come strategia del gaslighting viene utilizzata proprio per far sì che l'altra persona inizi a dubitare di se stessa proiettandola quasi in una realtà immaginaria.

Quante volte ci sarà capitato di sentire nei film durante una litigata "è solamente frutto della tua immaginazione! "?. Continuando con questa nostra elencazione, arriviamo anche a parlare della famosissima arte della retorica: un manipolatore deve quasi sicuramente essere bravo con le parole. Scendiamo un po' più nei dettagli: il trucco sta proprio nell'essere in grado di coinvolgere e confondere la vittima, penso sia proprio questo il binomio principale. I manipolatori sono conosciuti per la loro capacità di formare e stabilire i propri discorsi su dei veri e propri monologhi, interrompendo l'altra persona per evitare di farle alzare la foce o di farle esprimere il suo stesso modo di pensare, come avevamo già introdotto nel capitolo precedente.

Il manipolatore deve e dovrà sempre avere il controllo all'interno di una discussione o di una banale conversazione. Per portare poi avanti quello che è il suo discorso e i suoi obiettivi, il manipolatore una volta accertatosi che la sua strategia si non sta rivelando funzionale può agire generalmente in due modi: attaccando la vittima insultandola, oppure facendo il famosissimo gioco del silenzio. Il suo scopo principale in questa situazione, è sicuramente quello di arrivare ad umiliare la vittima, facendola sentire in colpa per non aver agito secondo il volere del manipolatore. La vittima entrerà quindi in un circolo di sottomissione in cui si sentirà quasi in dovere di comportarsi in determinati modi per non deludere più l'altra persona o comunque per limitare quelle aggressioni verbali e insulti nei suoi confronti. Come altre formule di manipolazione verbale troviamo il condizionamento portato avanti da uno studioso di nome Pavlov.

Egli attraverso i suoi studi ci ha dimostrato come sia possibile connettere effettivamente degli stati emotivi e / o risposte cognitive a degli stimoli esterni, semplicemente attraverso delle forme di associazione. In questi casi, il manipolatore potrebbe optare per la tecnica dell'isolamento. Precisamente nell'introduzione, ricordo di aver parlato dell'essere umano descrivendolo come animale sociale e politico, ed ecco che il discorso si ripresenta qui in maniera più specifica. Il manipolatore è un soggetto fortemente intelligente e convinto, anche per questo motivo egli sa che se veniamo privati di quegli aspetti fondamentali per l'essere umano veniamo sicuramente indeboliti da un punto di vista fisico ed emotivo. L'isolamento porta ad una privazione di affetto, amore, comunicazione da parte delle persone che erano state parte della nostra vita fino a quel momento, persone che ci erano state accanto e che nonostante tutto erano letteralmente fondamentali per il nostro benessere e per la nostra salute. Una persona che viene isolata dal mondo, soprattutto quando andiamo a parlare di lunghi periodi di tempo, inizierà ad avere percezioni completamente distorte della realtà, sentendosi pervaso sempre di più da quei suoi sentimenti di ansia, di panico e di paura diffusa e continua.

Utilizzando questa tecnica, infatti, il manipolatore dovrà fare ben poco: il manipolato col tempo diverrà vittima dei suoi stessi pensieri. Non è tutto, possiamo ancora continuare. Finora abbiamo trattato di forme di manipolazione mentale più o meno dirette, o che comunque interessano pochi soggetti (generalmente i due manipolatore e manipolato). In questo caso invece, andremo ad approfondire una tecnica che si adatta ad una formula di manipolazione di gruppo, il cosiddetto group thinking. Anche qui, abbiamo una definizione frutto di studi di psicologia che ci permettono oggi di analizzare questo fenomeno sulla base di studi scientifici ed esperimenti condotti nel tempo.

Attraverso appunto gli studi dello psicologo Solomon Asch abbiamo la conferma di come gli individui siano fortemente influenzati da un determinato pensiero di gruppo. In questo caso specifico ci rifacciamo a dei metodi generalmente utilizzati in quelle "sette" segrete, gruppi che mirano ad influenzare e manipolare gli altri al fine che non dicano nulla al di fuori di quelle impalcature immaginarie che formano il gruppo, soggetti capo e soggetti sottomessi eccetera eccetera. Il pensiero di gruppo non influisce unicamente sul come l'individuo percepisce la realtà, ma anche sul modo dell'individuo di percepire se stesso. Facciamo un esempio: all'interno di un gruppo l'individuo appena arrivato inizia ad essere etichettato in una determinata maniera, ne consegue che all'interno di quel gruppo col tempo egli inizierà a percepire se stesso con quella stessa etichetta, quelle parole che man mano diventano una parte integrante della sua stessa persona. Giungendo progressivamente al termine di questo capitolo, troviamo però un'altra tra le tecniche più comunemente messe in pratica dai manipolatori, ossia quella della sottomissione. Come avevamo già fatto presente in precedenza, per giungere ad un percorso manipolatorio funzionale ed effettivo, quasi sempre si arriva a forme di manipolazione che sottendono a processi di sottomissione. Sappiamo però che quando questo avviene, e quando questi atteggiamenti vengono protratti nel tempo, possono nascere dei rapporti molto più diversi e articolati di quelli che abbiamo analizzato finora, e ciò avviene perché il manipolatore tenterà effettivamente di prendere il controllo della mente e delle decisioni della sua vittima facendole credere di essere sbagliata o di essere addirittura malata. È proprio attraverso questa tecnica che si vengono a creare nella maggior parte dei casi rapporti basati sulla dipendenza, in cui la vittima non sarà più in grado di analizzare chiaramente la realtà e non riuscirà più ad uscire da quel ciclo fortemente dannoso e oserei dire traumatizzante.

Per concludere effettivamente, il manipolatore cercherà il più possibile di portare la vittima ad una situazione di esaurimento nervoso, in cui essa stessa e la sua mente verranno fortemente condizionate e destrutturate, con il pericolo di riportare gravi danni anche dopo il superamento di questo trauma.

Esistono però altre tecniche di manipolazione mentale e di persuasione che non tratteremo in questo libro, in quanto sono più rare e più difficili da analizzare, da praticare e da riconoscere nella vita di tutti i giorni. Un esempio potrebbe essere quello dell'ipnosi, tecnica che porterebbe ad una manipolazione di tipo fisico o mentale in cui la vittima non riconosce proprio le sue azioni ed i suoi comportamenti. Tuttavia, preciso che se qualcuno dovesse sentirsi in qualche modo vittima di queste tecniche o di alcune di esse usate da molto tempo nei propri confronti, il consiglio rimane quello di contattare uno specialista o una persona a voi cara che ritenete in grado di fornirvi aiuto. Andiamo però più a fondo, cercando di capire cosa porta i soggetti manipolatori ad agire, e come essi stessi decidono di comportarsi in base alla persona che si trovano davanti.

Dunque, vi ricorderete che i manipolatori possono essere persone casuali, ma che molto spesso possiamo accedere ad un semplice identikit per avere un'idea di persona da cui allontanarci o a cui stare attenti. Il manipolatore è spesso un narcisista, una persona molto decisa e allo stesso tempo insicura, un soggetto che prova a sentirsi migliore sminuendo e svalutando le altre persone e le proprie vittime. I manipolatori vengono spesso dipinti come soggetti eccessivamente intelligenti ed estraniati dal mondo sociale, quando molte volte non sono altro che persone attente con degli scopi un po' più nascosti. Per arrivare al punto del discorso però, dobbiamo dire che nonostante tutto il manipolatore non è un soggetto che agisce casualmente, ma anzi sa sempre come comportarsi e col tempo sarà sempre più sicuro si sè.

Vi è sicuramente una prima fase di studio della vittima, in cui il manipolatore cerca di comprendere le azioni abituali della vittima stessa: il suo modo di vivere, le sue abitudini, i suoi orari settimanali o giornalieri, i suoi passatempi preferiti, i suoi hobby eccetera eccetera. In questo periodo di tempo generalmente il manipolatore preferisce non agire direttamente, proprio perchè non potrebbe essere sicuro delle sue azioni e preferisce indagare più a fondo la sua vittima per capire da essa stessa come comportarsi e come procedere. Lo studio della vittima è un processo essenziale per la buona riuscita della manipolazione e della persuasione. Per questo motivo, infatti, il manipolatore sceglierà sicuramente di agire proprio in base a quelle che sono le debolezze della vittima. Cosa intendo dire con questo? Diciamo in maniera più generale che ogni manipolatore tenta di agire basandosi su una debolezza in particolare della vittima (per questo è importantissima la fase di studio), ma ci sono sicuramente dei luoghi comuni che ci permettono di identificare i principali meccanismi e comportamenti che vengono utilizzati dai manipolatori per far leva su questo tipo di emozioni. Per iniziare, quali sono effettivamente le emozioni e le sensazioni che permettono ai manipolatori di procedere ad agire con sicurezza? Come avevamo già introdotto, l'ingenuità potrebbe essere un gravissimo difetto quando si va a parlare di tecniche di persuasione e di manipolazione mentale. Una persona che tende ad analizzare sempre il lato positivo delle cose, che si lascia abbindolare un po' facilmente è di sicuro una delle prede più facili per un manipolatore mentale.

Questo avviene naturalmente perchè il manipolatore sarà abile a non farsi identificare come tale, mentre nel frattempo la persona ingenua continuerà a pensare di non essere il frutto di un meccanismo di manipolazione e rimarrà sempre sotto il gioco e sotto il controllo del nostro soggetto attivo. Tutte queste nozioni vengono applicate nuovamente quando parliamo di soggetti (vittime) con una bassa autostima. Le persone che non credono in loro stesse, che pensano di non meritarsi amore, gioia e bontà sono generalmente le più facili da smentire e da convincere.

Il manipolatore riuscirà facilmente a fare leva su questo tipo di emozione, proprio perchè essendoci lui, a differenza degli altri, vi farà credere di avere al vostro fianco la persona giusta e l'unica persona in grado di stare con voi e di accettarvi per ciò che siete.

Collegandoci a questo discorso, sono da nominare anche le persone che non hanno ancora pienamente definito la loro identità: il manipolatore potrebbe agire come una sorta di "guida" provando a dare consigli e modificare con le sue stesse mani il modo di essere e l'identità di una persona avendo però dei secondi fini non proprio benefici. Un altro tipo di emozione, differente da quella che abbiamo appena presentato è proprio la dipendenza.

Esistono soggetti, persone che soffrono di diversi tipi di dipendenza, ma quelli a cui punta più spesso il manipolatore sono quegli individui che soffrono di dipendenza emotiva. Essi infatti tendono ad essere manipolati molto più facilmente, proprio perchè vanno incontro a quel meccanismo stesso desiderato dal manipolatore e voluto al fine di mantenere sempre e costantemente il controllo della loro vittima. Inoltre, far leva sulla razionalizzazione potrebbe comunque portare un vantaggio al manipolatore tenendo conto che cercare di riportare tutto sul piano logico o capire le ragioni del manipolatore può fare perdere di vista la realtà delle cose.

Facciamo attenzione: anche i soggetti che soffrono di solitudine potrebbero sentirsi fortemente minacciati da atteggiamenti manipolatori. Essi infatti, la maggior parte delle volte sentono un forte bisogno di approvazione da parte di altre persone, e così facendo potrebbero essere considerati come vulnerabili e adocchiate da qualche manipolatore.

CAPITOLO 5. ADATTAMENTO DELLE TECNICHE NELL'ATMOSFERA DELLA QUOTIDIANITÀ

Dopo aver analizzato effettivamente e nel concreto quelli che sono i veri e propri meccanismi utilizzati più frequentemente per manipolare, possiamo utilizzare queste nozioni per riapplicarle al mondo di tutti i giorni: come vengono dunque messi in pratica questi concetti dai manipolatori? Come capire quando allarmarsi? Come agire in queste situazioni? Oppure, come comportarsi per applicare da manipolatore le nozioni precedentemente presentate?

Come già sapete, questo libro è caratterizzato proprio dalla sua ambivalenza, dalla sua doppia focalizzazione proprio perchè non andiamo a parlare unicamente di soggetti manipolati, ma anche di veri e propri manipolatori che vanno alla ricerca di tecniche semplici ed efficaci da poter applicare alla vita quotidiana. Essere manipolatori non è sempre un compito facile, soprattutto quando abbiamo di fronte a noi un soggetto piuttosto sveglio, una persona parte del nostro nucleo famigliare, una situazione lavorativa complessa, tecniche di manipolazione da applicare ad un gruppo piuttosto ampio di persone...

Le situazioni possono essere davvero plurime, e ormai sappiamo più o meno ambientarci in quello che è il mondo della persuasione e della manipolazione avendo almeno le idee un po' più chiare. Come si fa concretamente a capire quando si diviene vittime di una manipolazione? Il processo può essere analizzato secondo alcuni sintomi generalizzati che andremo a presentare in seguito. Teniamo bene in mente che questo tipo di meccanismi può essere facilmente messo in pratica per quanto riguarda qualsiasi tipo di relazione senza fare distinzioni, e può essere quindi applicato nei confronti di chiunque.

Ci tengo a precisare che nei casi più comuni, il manipolatore è proprio qualcuno che fa parte o ha fatto parte per tanto tempo del nostro nucleo di conoscenti, di amici più cari o di familiari; si tratta sempre e comunque di una persona che ci ha studiati, che conosce le nostre debolezze e che quasi sempre sa come agire per colpire nel segno.

Con questo voglio dire che (senza creare allarmismi) non dobbiamo pensare di essere immuni ad atteggiamenti manipolatori perchè tanto si tratta del vostro ragazzo, di un vostro parente o di un vostro caro amico, ma che spesso bisognerebbe prestare una maggiore attenzione ai campanelli di allarme proprio quando si tratta di soggetti che conosciamo e che ci conoscono bene. Secondo diversi studiosi, esistono principalmente 3 casi differenti in cui si possono riconoscere i sintomi veri e propri di una manipolazione mentale, iniziamo dal primo.

Nel primo caso, sarebbe più facile riconoscere una manipolazione proprio perchè si hanno magari delle tecniche usate in maniera più lieve, o comunque che non hanno un pieno effetto e che potrebbero però essere gestite con una buona comunicazione. Sarebbe più semplice riuscire a gestire questo tipo di manipolazione e riconoscerla proprio perchè inizieremmo ad avere e manifestare diversi stati di confusione, magari un eccessivo controllo da parte del partner o dalla persona presa in causa in quel determinato momento.

Ciò che inoltre dovrebbe farci aprire maggiormente gli occhi sono i commenti degli amici, di nostri conoscenti che magari tentano di allontanarci proprio da quella persona, da quello specifico rapporto. Soprattutto facciamo attenzione a quando noi stessi in primis iniziamo a manifestare uno stato di timore, di ansia o di stress nei confronti del partner, magari proprio prima di vederci, o durante la frequentazione. Quando non ci sentiamo veramente noi stessi dovremmo iniziare sin da subito a fare un passo indietro per allontanarci un minimo da quella persona o comunque iniziare a farci delle domande. Non sentirsi noi stessi, pensare di essere semplicemente confusi e avere paura del nostro partner non è assolutamente un atteggiamento normale. Facciamo però attenzione a non fraintendere: in questo libro parliamo di manipolazione mentale, non per questo ogni sintomo di ansia e stress sarà da ricollegare a questo concetto, impariamo a distinguere la vita "normale" da una vita frutto di tecniche di manipolazione e persuasione.

Proseguiamo presentando quindi quello che è il secondo livello di manipolazione, che si verifica generalmente quando la vittima manipolata inizia a dubitare delle sue stesse azioni, dei suoi pensieri, del suo modo di essere. Siamo quindi in presenza di un soggetto passivo ancora più insicuro di quanto probabilmente già lo fosse in precedenza. Questo è uno degli esempi più calzanti per dimostrare i meccanismi manipolatori e di persuasione: siamo quasi sicuramente in presenza di un soggetto che già inizialmente aveva problemi di sicurezza, magari caratterizzato da una bassa autostima che dopo aver trascorso diverso tempo con il manipolatore in questione inizia addirittura a dubitare della sua stessa persona.

Questo è ovviamente un caso più grave e più pericoloso, perchè oltre allo stato di confusione generale c'è proprio il continuo chiedersi se quello che si stia facendo o pensando sia giusto o meno, se rispecchi in un certo senso il volere del manipolatore oppure no, se sia adatto o meno alla situazione, e così via. Questo è proprio il momento in cui il manipolatore continuerà a fare leva sulle emozioni della vittima, il momento in cui il soggetto attivo farà il possibile per distruggere emotivamente la vittima, la sua autostima, le sue emozioni, per avere ancora un maggiore controllo e una maggiore sicurezza ed efficienza in futuro.

Questo è il momento in cui il manipolatore metterà in atto effettivamente tutte quelle che sono le sue tecniche più funzionali: il silenzio continuo, gli insulti, i ricatti, le critiche ed i giudizi ininterrotti per far prevalere unicamente il suo pensiero, le sue emozioni ed il suo modo di essere. Il manipolatore ha come scopo quello di essere ascoltato dalla vittima, quello di arrivare a far fare ad essa ciò che vuole senza permetterle di rendersi conto di nulla. Il soggetto attivo in questo momento farà di tutto per raggiungere i suoi scopi, ed è proprio per questo motivo che in questa fase si è già in una situazione abbastanza avanzata di pericolo da cui è maggiormente difficile uscire. Nella vittima naturalmente, questi processi continui e costanti risulteranno in sensazioni di stanchezza, di debolezza e di colpevolizzazione di azioni che magari non sono nemmeno state compiute dalla vittima in prima persona.

Ci accorgeremo tutti che il manipolatore sta lentamente raggiungendo quelli che erano i suoi scopi iniziali, ossia la distruzione vera e propria dell'identità della vittima, che volge sempre di più verso il volere del manipolatore tralasciando i suoi voleri, i suoi sentimenti ed i suoi pensieri. Questo non solo è pericoloso per la vittima, che verrà colpevolizzata di continuo, si sentirà stanca e costantemente in ansia, impaurita dal proprio manipolatore, ma se tutto ciò si prolungherà nel tempo potrebbe anche portare a vuoti di memoria da parte della vittima stessa, che andrà a dimenticare quando e se avrà compiuto una determinata azione di mano sua o se gli sono semplicemente stati inculcati dei concetti forzatamente dal manipolatore. Ecco che iniziamo ad analizzare i veri e propri effetti della manipolazione e della persuasione che abbiamo presentato nel capitolo precedente. Si vede chiaramente infatti come le conseguenze vengano fuori in ordine di gravità e di pericolosità uno dietro l'altro.

Per quanto riguarda invece la terza ed ultima fase, arriviamo ad un momento in cui la vittima, ormai stanca, stremata da tutti i meccanismi manipolatori, gli insulti, le critiche, i dubbi nei confronti della sua stessa persona, si arrende al suo destino facendosi sempre meno domande, reagendo e ribellandosi sempre di meno, proprio per evitare alcuni danni e ulteriori conseguenze. Si tratta di una persona che è stata letteralmente privata della sua identità, una persona che tecnicamente non dovrebbe più essere considerata tale, una persona che non è più in grado di comportarsi in base alle sue decisioni, un individuo privo di soggettività, di carattere e di voglia di vincere. La vittima sarà quindi vittima a tutti gli effetti, si sentirà colpevole di tutto ciò che le viene inflitto senza rendersi conto più di avere a che fare con un manipolatore più o meno esperto. Ella non solo accetterà il tutto, ma si sentirà persino meritevole di determinati trattamenti e comportamenti. Sarà la vittima stessa a cercare il manipolatore, a sentirsi in dovere di ricevere critiche, di essere contestata e giudicata semplicemente per il suo modo di essere. In questo caso ci troviamo di fronte ad una persona che ripeto, non dovremmo neanche più considerare tale.

Se pensiamo a tutte le descrizioni del mondo antico che separavano gli uomini dall'animale, pensiamo proprio a quella capacità razionale, quella parte di anima dotata di ragione che ci permetteva di distinguerci da tutti gli altri.

E' sempre stata la ragione, la razionalità a distinguere l'uomo da tutti gli altri esseri viventi. Eppure anche in questo caso, siamo di fronte ad un essere umano che non è però più in grado di gestirsi da solo, un essere umano che avrebbe bisogno di una fortissima determinazione e di tanto tanto aiuto per uscire e sopravvivere ad una simile situazione. Probabilmente in questo caso l'essere umano non è più un essere umano a tutti gli effetti, ma la speranza rimane sempre, la voglia di fuggire, di diventare e tornare una persona c'è e rimarrà sempre in ognuno di noi, e proprio per questo motivo molte persone riescono a liberarsi, ad interrompere quelle dannose catene, quegli sfruttamenti e continue violenze mentali per potersi permettere di ritornare alla vita di tutti i giorni. Proprio perchè dotati di quelle capacità razionali, saremo sempre in grado di farci forza e di utilizzare la nostra mente contro coloro che pensano di controllarla. Anche per questo motivo, nei capitoli a seguire presterò una particolare attenzione anche alle tecniche, a quei consigli rivolti proprio alle vittime, ai manipolati per aiutare ciascuno di loro a fuggire da quell'orribile prigione. In questo terzo e ultimo caso, parliamo di vittime che costantemente hanno a che fare con ansia, con frequenti attacchi di panico, apatia, stress, disturbi psicosomatici, paura e angoscia.

Capirete facilmente anche voi che abbiamo presentato diversi casi in ordine di gravità, casi che evidenziano sempre maggiormente le conseguenze di un continuo e prolungato atteggiamento manipolatorio nei confronti della vittima, e che dovrebbero mettere in allarme ciascuno di voi. Naturalmente, come ho già detto non si tratterà sempre di manipolazione nella vostra vita di tutti i giorni, ma ci tengo comunque a dare un incoraggiamento che possa difendere le identità delle persone, i loro comportamenti che proprio in quanto vari, diversi, strani, complessi, minimali, insignificanti dovrebbero sempre e comunque essere difesi in quanto tale. Una persona che prova a modificare il nostro modo di essere, che non ci appoggia per ciò che siamo e che tenta addirittura di privarci della nostra identità e del nostro modo razionale di agire non è una persona che dovrebbe far parte delle nostre vite: teniamolo bene a mente. Facciamo sempre attenzione a difendere, mettere sempre al primo posto il nostro pensiero, analizzarlo in maniera oggettiva, confrontandoci con altre persone, con altri amici senza lasciarci mettere limiti da nessuno. Alla fine, l'istruzione, la consapevolezza e lo studio sono alcuni tra i valori principali che ci porteranno avanti e che saranno in grado di aiutarci in qualsiasi percorso nella vita.

Insieme all'esperienza, lo studio continuo e l'istruzione difenderanno sempre e comunque la varietà dell'essere umano in tutte le sue sfaccettature, in ogni sua forma di diversità e di espressione, proprio perchè è un essere umano.

Nel prossimo capitolo andremo ad analizzare le principali differenze tra manipolatore e manipolato, tra vittima e carnefice, un ennesimo binomio che accompagna gli studi dell'essere umano sin dall'antichità. Un dualismo che potrebbe essere ricollegato davvero a numerosissime altre materie e concetti, perchè non sempre è facile distinguere il manipolatore dal manipolato, perchè non sempre il manipolatore si rende conto di essere manipolatore così come il manipolato a volte non sia in grado di ritenersi tale.

Ci soffermeremo più che altro su una riflessione di tipo personale e morale nella speranza di fornire un altro fruttuoso spunto per il lettore, che potrà approfondire in un secondo momento con chi desidera o con chi di dovere.

CAPITOLO 6. MANIPOLATORE O MANIPOLATO?

Avendo analizzato ormai gran parte della teoria, ci prendiamo un po' di spazio per alcune riflessioni di tipo più che altro morale. Fino ad ora ci siamo focalizzati infatti principalmente sulla scienza, su dati ben precisi, studi condotti da esperti del settore e da psicologi del passato, analisi dei dati, statistiche, percentuali eccetera eccetera.

Nonostante tutto ciò, il mondo della manipolazione mentale non è composto unicamente da questo. Parliamo comunque di un microcosmo, di una piccola struttura sociale composta da soggetti attivi e soggetti passivi: potremmo ad esempio analizzare più nello specifico come funziona la manipolazione di gruppo, i ruoli che vengono investiti dai diversi partecipanti e come i ruoli stessi si modificano nel tempo e sono in grado di effettuare la loro stessa funzione manipolatoria nei confronti dell'altro. Ecco, la manipolazione di gruppo è uno dei tanti esempi in grado di dimostrare che quando parliamo di persuasione, di tecniche o comunque di manipolazione stessa è bene precisare che gli individui parte di questi processi non sempre sono parte della nostra stessa quotidianità. In questo capitolo mi piacerebbe infatti andare ad analizzare più nello specifico il mondo, lo stile di vita di tutti coloro che sono stati parte o che sono tutt'ora parte integrante di meccanismi manipolatori, siano essi i soggetti attivi oppure quelli passivi.

Come struttura sociale, sicuramente abbiamo i due protagonisti che sono appunto quelli precedente citati, ma facciamo attenzione: generalmente non ci si ferma qui, proprio perchè nella vita di entrambi i soggetti vi sono altri individui, altre persone che sono fondamentali per la crescita, la realizzazione ed il miglioramento di qualsiasi tipo di processo (sia esso manipolatorio o di guarigione).

Tuttavia, il modo di agire di manipolatore e manipolato non è affatto paragonabile a quello di tutti noi che in questo momento (spero) siamo al di fuori di un rapporto di questo tipo. Ovviamente il discorso varia anche in base al tipo e alla fase di manipolazione di cui stiamo parlando: se trattiamo una manipolazione di fase tre, sapremo benissimo che il soggetto passivo avrà ormai già raggiunto determinati livelli di sottomissione che gli o le risulterà letteralmente impossibile proseguire con una vita normale.

Se invece parliamo di una manipolazione che si sta evolvendo in questi momenti, che è ancora agli inizi, allora probabilmente ci risulterà più difficile riconoscerla e analizzare di conseguenza le abitudini e la struttura sociale di quel particolare microcosmo. La faccio più semplice: ognuno di noi potrebbe avere una determinata valenza o importanza quando parliamo di microcosmi di manipolazione, questo perchè anche i conoscenti, i familiari, gli amici sia di manipolatore che manipolato potrebbero da un momento all'altro aiutare o danneggiare completamente i voleri, le sorti e gli obiettivi di quella determinata persona. Prendiamo in questo momento l'esempio della vittima, naturalmente saprete che sarà difficile farle capire quanto quel tipo di rapporto potrebbe essere dannoso per lei, inizialmente non riuscirete affatto a farle cambiare idea, provare a farla ragionare, o magari sarà così nei primi momenti forzando però un po' troppo la mano e generando l'effetto opposto.

Con questo voglio dire che se siamo alle prese con un bravo manipolatore, egli sarà in grado di volgere la vittima quasi sempre contro di voi e mai contro di lui, che si tratti di una vostra parente, di una componente del vostro nucleo familiare più stretto o di una delle vostre migliori amiche: quasi sempre, il manipolatore saprà come agire per evitare che siate voi ad allontanare la vittima da lui. Egli infatti riuscirà quasi a farsi amare, idolatrare, rispettare sempre a tal punto da forzare quasi la vittima ad abbandonare voi ed i vostri consigli senza che essa se ne renda conto. La psiche umana è un mondo molto molto più complesso di quello che si potrebbe pensare ed ogni meccanismo si riflette in questo microcosmo di manipolazione. Le persone vicine alla vittima potrebbero avere davanti a loro diverse situazioni: magari una persona che non vuole più rivolgere loro la parola, una persona che col tempo inizia ad evitarli, che si allontana sempre di più dalle amicizie, dai gruppi e dalla società, una persona che predilige la solitudine come unica altra soluzione alla compagnia del manipolatore. Insomma, questi sono tanti tra i possibili comportamenti che indicherebbero proprio il successo del manipolatore.

Dunque come comportarsi? Il mio consiglio in questo caso è probabilmente quello di non lasciare correre, di evitare a tutti i costi che a vincere sia il manipolatore, di provare ad intaccare i suoi meccanismi provando in qualche modo a far "mettere i piedi nuovamente per terra" alla vittima vostra conoscente. Con questo intendo dire che dal mio punto di vista dovreste comunque provare in qualsiasi modo a mantenere attivo quel rapporto familiare, di amicizia o di banale conoscenza che vi era tra voi e quella persona prima che il manipolatore arrivasse ad infastidire. Nonostante questo consiglio però, so benissimo che nei casi peggiori il soggetto passivo farà di tutto per allontanarsi da voi sempre e comunque, magari proprio perchè insistete tanto su quel tipo di rapporto che per voi è così anomalo, complicato, ingiusto, abusivo e tossico. Usare questo tipo di parole a volte potrebbe risultare controproducente, proprio perché la persona parte di quella relazione non vuole sentirsi dire che è stata sottomessa, manipolata e che non sia in grado di ragionare con la propria testa. Se la situazione è ancora recuperabile, provate semplicemente a supportare la vostra amica, la vostra parente che essa sia maschio o femmina, rimandendole accanto per più tempo possibile, giocando a vostro favore con le tempistiche e lasciando che sia ella stessa ad aprire gradualmente gli occhi.

Questo per quanto riguarda il ruolo che hanno i conoscenti in quel microcosmo di manipolazione. Per farvi capire meglio, in una relazione gestita e comandata dalla manipolazione e dalle tecniche di persuasione, ad entrambi i soggetti sembrerà quasi di vivere in una bolla: un mondo completamente diverso da quello normale, usuale, un mondo in cui sembrerà che nessuno sia realmente in grado di capire e di comprendere i sentimenti dell'altro. Il manipolatore si sentirà superiore a tutti, sempre più fiero delle sue capacità, delle sue conoscenze e delle sue abilità; mentre il soggetto manipolato si sentirà letteralmente privo di quella sua identità che lo / la aveva accompagnato fino a quel momento.

Non è assolutamente facile rendersi conto di vivere in una bolla, in un microcosmo tossico e altamente nocivo per chiunque decida di farne parte, tuttavia esistono dei modi che andremo ad analizzare nei capitoli successivi dove vi parlerò più nello specifico dei modi, delle tecniche che devono essere messe in pratica per aiutare qualcuno o per guarire direttamente da questo tipo di rapporti. Non è facile aprire gli occhi, così come non è facile manipolare, come non è facile subire manipolazioni. A volte ci sembra che giri tutto intorno alla vittima, intorno alle sue sofferenze, i suoi stati d'animo, i suoi traumi, le sue perdite, ma vi assicuro che non è sempre così. Anzi, vi dirò di più, a mio personale parere il soggetto attivo, quindi il manipolatore, è sicuramente quello più complesso da studiare e anche quello che nel tempo soffre di più. Il manipolatore lo abbiamo già studiato e analizzato a sufficienza, anche se raramente mi è capitato di trovare delle parti specifiche nei libri in cui venisse apertamente esposto questo filone di pensiero. Il manipolatore ha una psiche complessa, generalmente anche un vissuto piuttosto difficile, delle esperienze traumatiche in passato, una vita familiare in frantumi. Tuttavia preferisco in ogni caso di evitare la generalizzazione, e proprio per questo motivo evito dunque di scendere nei dettagli.

Ciò che mi sentivo in dovere di dire, è che queste mie parole non volgono solo in difesa della vittima per una questione di principio e di correttezza: è tutto il contrario. I miei sono studi oggettivi, riflessioni di tipo puramente morale e spirituale secondo cui è il meccanismo del pensiero a comunicarmi cosa dire. In questo capitolo ci terrei a dire anche che non esiste giusto e sbagliato, che non esiste quasi manipolatore e manipolato proprio perchè ognuno dei componenti di questo microcosmo andrebbe ugualmente studiato ed ugualmente preso in considerazione. Ciascuno dei componenti infatti è a modo suo sia manipolatore che manipolato, ma dimenticatevi di queste mie parole al termine del capitolo, proprio perchè vorrei evitare di confondervi ulteriormente. Queste sono parole puramente espresse come riflessione dell'autore e riflessione per tutti coloro che in quanto lettori vorranno fermarsi e riflettere senza alcun tipo di pregiudizio, senza alcun tipo di giudizio. In conclusione, proviamo quindi a concentrarci maggiormente su quelli che sono i meccanismi manipolatori e di persuasione applicati ai gruppi new age e alle sette in particolar modo. Dunque, come funzionano questi gruppi, questi microcosmi, queste società? e come si comportano i manipolatori all'interno di essi?

Generalmente si inizia avendo in mente un'idea ben precisa, una sorta di ideale che sarebbe da seguire sempre e comunque, e tutti coloro che si vorranno unire per "inseguire" questo ideale potranno tranquillamente farlo divenendo parte del gruppo. Ovviamente non è qui che ci si ferma, siamo solo all'inizio. A differenza appunto di coloro che vogliono aderire, vi sarà una fine ben diversa per tutti coloro che la pensano diversamente. Amici, parenti, familiari che hanno delle idee diverse da quelle del gruppo tenderanno ad essere eliminati, espulsi, isolati generando anche un sentimento di insicurezza e debolezza nei confronti di tutti coloro che magari la pensano allo stesso modo e non hanno avuto il coraggio di parlare.

Chi non entra nella setta è fuori dalla vita di tutti coloro che decidono di aderire. Anche se inizialmente potrebbe sembrare strano, alla fine è quasi sempre così: le persone estranee alla setta vengono progressivamente abbandonate fino alla perdita totale dei rapporti con tutti coloro che non ne fanno più parte. Il manipolatore di solito procede attraverso una fase di rispecchiamento studiando la vittima, le sue abitudini, i suoi pensieri il più possibile. In seguito, il guru tenterà di instaurare un certo rapporto di fiducia con gli altri componenti del gruppo e per guadagnarsi di conseguenza una certa importanza in quella struttura gerarchica di cui parlavamo inizialmente. Il meccanismo manipolatorio è sempre più dannoso in questi casi quando iniziano ad essere umiliati, insultati ed isolati dal resto del gruppo tutti coloro che scelgono di alzare la voce, di annunciare pubblicamente di non essere d'accordo con le modalità e i comportamenti del guru. Può succedere che la persona in questione venga isolata e che sia impossibilitata di contatti con gli altri appartenenti del gruppo o con il mondo esterno, che debba sopportare determinate punizioni o trattamenti "pubblicamente" fino a quando non cambierà idea.

Tutto ciò serve naturalmente per evitare che gli altri componenti del gruppo si comportino allo stesso modo: tutto per evitare una sorta di ribellione generale che smonterebbe il funzionamento della setta o comunque del gruppo. Nel caso delle sette new age si spendono tantissimi soldi per anni, certi di seguire una strada che ci migliorerà personalmente. Negli ultimi anni, come già saprete, sono sempre in maggiore sviluppo e diffusione queste sorta di gruppi in cui i giovani si rifugiano, in cui vanno alla ricerca di qualcuno come loro, nella speranza di nascondersi, di sentirsi più accettati o magari protetti da un ambiente sociale che non li rispetta e che li fa sentire a disagio. Gruppi in cui vengono spesso promosse abitudini, comportamenti alimentari errati e fortemente dannosi alla salute dei giovani e dei giovanissimi.

Con questo ripeto che non cerco di creare allarmismo, ma semplicemente informazione, tanto che proprio nei prossimi capitoli andremo ad analizzare più nel dettaglio come uscirne, come guarire e superare situazioni di questo tipo senza mostrare conseguenze permanenti o eccessivamente durature nelle persone coinvolte. Spero inoltre che queste riflessioni più o meno personali di tipo morale siano state utili e magari ottimi spunti per riflessioni future. La manipolazione non è unicamente lo studio teorico e scientifico delle tecniche di persuasione, ma è anche un modo umano di comportarsi, di superare le difficoltà, le situazioni, la vita. Siamo un po' tutti manipolatori e manipolati e forse anche per questo motivo mi sembrava più corretto dedicare un intero capitolo alla pura riflessione e contemplazione di questa arte. Anche i prossimi saranno capitoli piuttosto discorsivi, in cui andremo a riflettere e ad analizzare tematiche in base ad alcuni studi ed osservazioni di tipo scientifico, per poi però sviluppare delle teorie, delle tesi più o meno personali ed esporle a voi tutti. In ogni gruppo, microcosmo, società, gerarchia, è necessario seguire delle regole e tenere bene a mente determinati costumi, tuttavia nel mondo della manipolazione si vanno a stravolgere quelle che sono le più generali concezioni dell'essere umano danneggiando fortemente, distruggendo e dilaniando gli individui senza alcun tipo di risentimento. Facciamo attenzione a tutti quei gruppi new age che promuovono degli strani stili di vita, a quelle diete che non si appoggiano su forti basi scientifiche, a quelle ideologie estremiste pericolose per voi stessi e per tutti i vostri conoscenti. In Fondo ciascuno di noi, sarà comunque parte di quel macrocosmo, quella grande ed unica società che è l'essere umano e il pianeta Terra.

CAPITOLO 7. INTRAPPOLATO IN UN MECCANISMO MENTALE?

Ci sono momenti in cui difficilmente ci sentiamo in grado di portare a termine le nostre attività, le nostre giornate, i nostri attimi peggiori.

Ci sono momenti in cui realmente ci sembra di non poter più sopportare ciò che stiamo vivendo, momenti in cui non vediamo l'ora che tutto finisca, momenti in cui pensiamo realmente che ci stia per crollare il mondo addosso, momenti in cui semplicemente chiudiamo gli occhi nella speranza di non doverli riaprire mai più. La nostra vita è sicuramente una strada da percorrere, con alti e bassi, con momenti di gioia, di felicità, di tranquillità e semplicità; accompagnati però da momenti di estremo dolore, rabbia, delusione.

Questo non vuole essere un discorso motivazionale, non vuole nemmeno presentarsi come il solito luogo comune che viene citato quando non si sa più cosa dire.

Questo è più che altro un appello a tutti coloro che pensano di non poter più andare avanti, un appello a tutti coloro che si sentono persi, che sentono di doversi arrendere, che si sentono ancora troppo deboli per affrontare la vita di tutti i giorni e per fare definitivamente un passo avanti. Sono qui per dire che non è mai troppo tardi, sono qui per parlare a tutte le persone che magari si sentono vittime di un meccanismo mentale, che si sentono intrappolate in quei tipi di relazione fortemente nocivi, fortemente tossici e dannosi per la salute sia fisica che mentale della persona. La sofferenza, come molti di noi sapranno, è e sarà sempre parte integrante della vita di ciascuno di noi. Tuttavia, sentirsi manipolati, sentirsi intrappolati nella vostra stessa prigione mentale è forse un tipo di sofferenza leggermente diversa e articolata rispetto a quella di tutti i giorni. Pensate per un attimo a voi, pensate alla vostra vocina interiore che anche in questo momento sta parlando per voi mentre leggete queste parole.

Ecco, provate a pensare per un attimo che questa vocina da un momento all'altro volga contro di voi, che inizi a parlare per voi consigliandovi tutto ciò che non vi farebbe bene, pensate ad una vocina che prova a portarvi sulla cattiva strada. Più o meno ci avviciniamo al concetto chiave di questo capitolo, il problema è che il manipolatore in questo caso si occupa proprio di volgere voi stessi contro di voi.

Pensate tutto a un tratto di non essere più in grado di distinguere quelli che sono i vostri pensieri da quelli che vi vengono inculcati dal manipolatore. Pensate alla vostra testa piena e strapiena, colma di pensieri contrastanti, pensieri che non hanno un'origine, una meta, pensieri che rimangono lì nella vostra testa al puro fine di disturbarvi, di confondervi, di rendervi la vita più difficile. Provate solamente ad immaginare di entrare in una testa così, nella testa di una persona che non è più in grado di riconoscere quelli che sono stati originariamente i suoi pensieri e quelli che invece sono frutto di un secondo soggetto.

Qui torniamo anche al discorso che ho fatto più volte in precedenza: l'individuo che con il tempo va a perdere la sua stessa identità. Gira tutto intorno a questo concetto, la persona inizia a perdere la consapevolezza di sè, inizia a confondere i suoi gusti, le sue abitudini, si pone ripetutamente delle domande sul suo modo di essere, sulle sue caratteristiche e sulle sue passioni, tanto da arrivare a compiere proprio ciò che il manipolatore si era posto come obiettivo iniziale. Pensate ad una persona che non è più in grado di distinguere, di riconoscere i suoi gusti, di riconoscere se stesso. Infondo se ci pensiamo bene noi non siamo altro che i nostri gusti e le nostre passioni: scegliere un determinato paio di pantaloni, di giacca, di strada, di macchina, un determinato modo di agire ci rende noi stessi; e quando non siamo in grado di agire secondo i nostri voleri allora dal mio punto di vista veniamo privati di un'identità.

Ecco dove volevo arrivare, una persona che si sente intrappolata in un meccanismo mentale è un individuo non più in grado di prendere decisioni per sè, un individuo che si confonde facilmente, che potrebbe sembrare a primo impatto semplicemente molto indeciso, un individuo ingenuo che si lascia confondere e che si lascia dare dei giudizi sulla sua persona.

Vi sarà magari capitato qualche volta di essere completamente indecisi, di non sapere proprio cosa indossare, dove andare, quale fosse la cosa migliore da fare in quel momento. Pensate invece di arrivare ad un punto in cui non ricordate più quale sia il vostro gusto di gelato preferito, quando siete talmente tanto indecisi da non essere fisicamente in grado di decidere cosa mettere tanto che dovete chiedere l'aiuto di un'altra persona per sapere generalmente cosa vi piace e che cosa indossate più di frequente.

Questi sono alcuni tra gli esempi che secondo me calzano maggiormente il ruolo di un soggetto passivo che si sente intrappolato in un meccanismo mentale. Eppure non finisce qui, perchè la cosa peggiore è che la maggior parte delle volte l'individuo è in grado di capire, di elaborare il suo stato di confusione, e questo non fa altro che garantire una maggiore sofferenza e un maggiore stato di confusione. So che sono arrivato ad un punto in cui non sono più in grado di scegliere quale sia il mio paio di scarpe preferito, elaboro questa informazione e arrivo a comprendere proprio che non sono più in grado di stabilire quale sia il mio paio di scarpe preferito: allarme, situazione preoccupante. Cosa potrebbe succedere secondo voi?

Generalmente la vittima cade maggiormente in uno stato di ansia, di panico sempre peggiore, che viene sfruttato anch'esso dal manipolatore per indebolire ulteriormente la sua vittima. Dunque avviene effettivamente il processo desiderato e voluto dal manipolatore stesso. Sentirsi in trappola, sentirsi tanto confusi da non essere più in grado di riconoscere la propria persona e i propri gusti è un tratto tipico di tutti coloro che sono altamente coinvolti in meccanismi manipolatori di più o meno pericolosità.

Può capitare di non sentirsi noi stessi, può capitare di sentirsi completamente persi in un turbine di emozioni, una sorta di vortice in cui risulta davvero difficile capire effettivamente cosa si prova e come comportarsi nelle varie situazioni. Essere fermi immobili, imprigionati in un meccanismo mentale potrebbe portare a numerosi danni riguardanti la futura salute mentale della persona presa in causa. Essa infatti sarà andata incontro a sentimenti e situazioni di completa confusione e instabilità, di ansia, di stanchezza sia fisica che mentale, di amnesia, di fragilità. Pensate avere la consapevolezza dello scorrere degli eventi senza riuscire ad agire, senza avere le forze necessarie per chiedere aiuto, per cambiare la propria situazione. Eppure per fortuna esistono dei modi, che andremo ad elencare proprio nei capitoli a seguire, che potranno essere molto molto utili per tutti coloro che leggono queste parole e si rispecchiano in ciò che ho cercato di esprimere all'interno di questo capitolo. Tutte le persone che hanno a che fare con soggetti manipolati, con persone che tutt'oggi riportano i frutti di un trauma passato, tutte le persone che vogliono informarsi sull'argomento per assicurarsi di evitare la manipolazione e le tecniche di persuasione il più possibile. Trovo che il capitolo sulle tecniche di difesa possa essere in ogni caso di grande aiuto a tutti, ma questo capitolo in particolare è rivolto a coloro che desideravano andare a fondo nell'argomento.

Per coloro che volevano capire, comprendere, approfondire il mondo della manipolazione ad un punto tale da capire ed immedesimarsi persino dei soggetti che abbiamo presentato. Per avviarci verso una conclusione, possiamo parlare del manipolatore. Abbiamo deciso di trattare anche questo punto di vista nel libro proprio per renderlo maggiormente utile e per far sì che più persone possibili siano in grado di immedesimarsi. Naturalmente ci rifacciamo proprio al titolo di questo capitolo: intrappolati in un meccanismo mentale. Immaginiamo dunque di essere manipolatori, sicuramente il nostro scopo sarebbe proprio quello di far sì che la vittima rimanga in balìa di se stessa, di sentimenti che la confondono, che ci permettono di applicare le nostre tecniche, che la tengono comunque ancorata alla nostra persona perchè essa ha effettivamente bisogno di noi per ottenere le sue certezze. E' molto difficile che un essere umano non senta il bisogno di avere delle certezze, ad ognuno di noi piace sentirsi al cento per cento sicuro di qualcosa.

Nei casi della manipolazione, è proprio il manipolatore stesso ad essere la certezza della vittima. Egli infatti, per assicurarsi che questo suo meccanismo funzioni il meglio possibile, cercherà di imprigionare la vittima dentro se stessa, con i suoi stessi pensieri e le sue stesse paure, in modo tale che egli non abbia agito direttamente contro di lei, e in modo tale che possa svolgere il ruolo di personaggio positivo all'interno della vicenda. Naturalmente, tra tutte le tecniche presentate, al manipolatore in questo caso conviene soprattutto provare ad instaurare quel tipo di rapporto con la vittima basato sulla dipendenza nei suoi confronti. Una vittima dipendente dal proprio manipolatore è sicuramente un soggetto molto più fragile, molto più debole, più insicuro, che sarebbe di certo molto più predisposto a seguire le indicazioni ed i "consigli" del manipolatore. Dunque se il nostro obiettivo è proprio quello di agire da manipolatori, bisognerebbe pensare all'instaurazione di un rapporto basato sulla dipendenza, in cui bisogna volgere la vittima ad un progressivo stato di confusione ed incertezza, bisogna arrivare a farla dubitare di qualsiasi cosa, bisogna fare in modo che sia la vittima stessa a richiamare il manipolatore per avere certezze. Queste sono più o meno le tecniche che permettono di assicurarsi un maggiore controllo all'interno del processo di manipolazione, facendo però attenzione al fatto che la vittima in questa situazione potrebbe avere serie ripercussioni in futuro. Una manipolazione di questo tipo è quasi sicuramente un evento traumatico per tutti coloro che ne fanno esperienza, e proprio per questo motivo ha molte più probabilità di ripresentarsi attraverso diverse altre problematiche in futuro.

Se sospettate di essere stati manipolati, Ni raccomanda di porvi qualche domanda: **"Quale potrebbe essere lo scopo reale di questa persona o di questo messaggio?", "Chi ne beneficia?" e "Chi viene sfruttato?"**. Risposte negative o incerte potrebbero voler dire che siete alle prese con un manipolatore. Tuttavia, il passo successivo dipende da voi. La maggior parte delle persone ha il potere di ridurre o interrompere le macchinazioni di un manipolatore", dice Ni. "Consapevolezza, reazioni ben ponderate e, quando necessario, utilizzo di alcune tecniche di comunicazione assertiva sono fondamentali per evitare di diventare una vittima di manipolazione". Potete fermare la manipolazione affrontandola direttamente dicendo 'no' e riaffermando il vostro potere. Però, questo genere di assertività può portare delle ripercussioni negative, prima di reagire è quindi importante assicurarsi che sia la mossa giusta. Se non vi sentite a vostro agio nell'affrontare un comportamento manipolatorio a testa alta, parlate con qualcuno di vostra conoscenza e di cui vi fidate e, se necessario, contattate le autorità competenti per capire come muovervi. Giungendo al termine di questo capitolo dunque, possiamo dire che in quanto soggetti passivi manipolati, dobbiamo prestare molta attenzione alla nostra salute mentale, provando a focalizzarci per capire cosa vogliamo realmente, cos'è frutto del nostro cervello evitando il più possibile le influenze del mondo esterno e dei nostri conoscenti. Proviamo sempre a difendere la nostra identità costi quel che costi, difendiamo i nostri gusti, i nostri voleri, il nostro carattere, perchè sono le uniche cose che ci rendono noi stessi e che ci rendono riconoscibili.

La prigione mentale causata dalla manipolazione non è altro che un'illusione, non è mai troppo tardi per fare un passo avanti e per uscirne, non è mai troppo tardi per cambiare le cose. Per quanto riguarda invece il punto di vista del manipolatore, abbiamo visto che centrare il rapporto su una situazione di dipendenza da parte della vittima potrebbe essere fortemente agevolante, e che in ogni caso sarebbe meglio stare attenti se vogliamo evitare gravi ripercussioni di tipo psicologico sulla vittima.

CAPITOLO 8. LA SCIENZA DELLA MANIPOLAZIONE MENTALE

In questo capitolo che ci accompagna verso la conclusione del libro, andremo ad analizzare per un'ultima volta quella che è la manipolazione mentale nelle sue forme più scientifiche, più utilizzate nella vita di tutti i giorni e studiate appositamente anche per il mondo del lavoro. Sì, perchè ne avevo già fatta menzione nelle prime parti di questo scritto senza mai però approfondire a dovere quello che è il mondo del lavoro di oggi in relazione alla manipolazione mentale e alle tecniche di persuasione.

Abbiamo analizzato la manipolazione sui singoli soggetti, sul manipolatore, sulla vittima, persino in quei gruppi new age o sette che si diffondono particolarmente in questo periodo e che attirano gran parte dei giovani e giovanissimi.

Abbiamo analizzato quelli che sono i pericoli maggiori, i rischi, cosa significa sentirsi perso, solo ed intrappolato in un meccanismo mentale che ci ha privato della nostra stessa identità; ma è arrivato il momento di imparare a comprendere quella che è effettivamente la manipolazione comunemente utilizzata e messa in pratica più di frequente nel mondo del lavoro. Nei capitoli precedenti abbiamo visto che basta un attimo per creare dei danni permanenti all'altra persona, abbiamo visto che si possono stabilire delle relazioni basate sulla dipendenza, abbiamo visto che raramente il manipolatore è un soggetto mentalmente stabile, abbiamo visto che avremo a che fare con persone fortemente dannose o danneggiate.

Questa è la base della manipolazione mentale, raramente avremo a che fare con persone lucide, persone stabili, ma si tratterà piuttosto di persone che hanno sofferto molto nel corso della loro vita, persone che variano dal narcisismo all'essere psicopatici, sociopatici. Questo non per spaventare, anzi, piuttosto per dimostrare che si tratta di persone che necessitano di aiuti professionali, di terapie. Per quanto riguarda invece il manipolato, con il passare del tempo ci troveremo davanti ad un soggetto sempre più fragile, più debole mentalmente e fisicamente. Adesso proviamo a ridimensionare il nostro mondo di carta, tutto ciò che ci siamo creati nella testa fino a questo momento, e proviamo a trasportare e ricollocare tutte queste nozioni nel mondo del lavoro.

Capirete benissimo anche voi che non sarà così semplice: tra le diverse normative da rispettare, tra i dipendenti, i superiori, coloro che si occupano di controllare le attività dell'azienda e che ne regolano proprio l'andamento.

Insomma, in questo caso la manipolazione mentale dev'essere sicuramente ridimensionata in modo tale da renderla applicabile evitando quelle eccessi

ve norme, sanzioni e controlli che andrebbero magari a compromettere lo sviluppo dell'azienda. Con questo non voglio dire che marketing e manipolazione mentale siano la stessa cosa, facciamo molta attenzione; tuttavia ci stiamo dirigendo lentamente verso l'obiettivo di questo discorso. La manipolazione è una scienza a tutti gli effetti: ha delle regole da seguire, degli esperimenti da condurre, degli studi da effettuare nel tempo sulla vittima, necessita di una prontezza mentale straordinaria da parte del manipolatore che dev'essere sempre in grado di gestire lucidamente la situazione.

Essendo quindi una scienza, può essere ri applicata, studiata e modificata in base alle esigenze altrui. Nel mondo del lavoro raramente sentiremo parlare di manipolazione mentale, o tantomeno di tecniche di persuasione.

Nonostante questo, però, ci capiterà probabilmente di analizzare determinati comportamenti, meccanismi frequenti nel mondo del lavoro con caratteristiche molto simili proprio a quella scienza che abbiamo analizzato fino a questo momento.

Secondo alcuni dati europei, nel mondo del lavoro, la violenza e le molestie da parte di terzi riguardano dal 5% al 20% dei lavoratori e se il 40% dei dirigenti europei è preoccupato per la violenza e le molestie sul luogo di lavoro, solo circa il 25% (e non più del 10% in molti paesi dell'UE) ha attuato procedure per affrontare questo fenomeno. Ciò denota la scarsa sensibilità che le persone hanno nei confronti di un tema così delicato. Tale questione diventa ancora più delicata se si pensa che accanto ad una tipologia di violenza prettamente fisica, ne emerge un'altra forma, esprimibile tramite parole, offese, ricatti ed ingiurie, che spesso può risultare molto più nociva e dolorosa: la violenza psicologica. La violenza psicologica può essere definita come un insieme di atti, parole o sevizie morali, minacce e intimidazioni utilizzate come strumento di costrizione e di oppressione per obbligare gli altri ad agire contro la propria volontà.

È intimamente connessa con la nozione di manipolazione mentale la quale si verifica ogni volta in cui un individuo, indistintamente uomo o donna, il manipolatore, attua un condizionamento continuo, un controllo ossessivo con il solo ed unico scopo di imporre schiavitù psichica su un altro individuo, la vittima, portandola a fare e pensare cose che senza l'azione manipolatoria non farebbe e non penserebbe.

La manipolazione mentale nei contesti lavorativi presenta più o meno caratteristiche analoghe a quelle appena citate per la manipolazione mentale extra-lavorativa. Naturalmente il livello di gravità, soprattutto sotto il profilo delle conseguenze che determina la manipolazione, varia a seconda dell'intensità del rapporto che lega il manipolato al manipolatore. Certamente il mondo del lavoro è un mondo che si presta particolarmente alle dinamiche manipolatorie considerando che si basa su uno dei bisogni fondamentali dello scenario odierno: il bisogno di lavoro. (FONTE: Università Cattolica del Sacro Cuore - Cinzia Mammoliti).

Seguendo sempre le fonti indicate, andiamo anche a presentare alcune delle tecniche concretamente utilizzate nel mondo del lavoro per effettuare manipolazione, a partire da una tecnica che prende proprio il nome di vampirismo energetico.

Con l'espressione "Vampirismo energetico" si intende una forma di manipolazione psicologica subdola e sottile, per cui un soggetto, detto vampiro energetico, sottrae ad un altro energia psichica, emotiva e in ultima istanza fisica. Il vampiro sceglie con cura le proprie vittime, generalmente vittime di tipo forte, dalle quali, una volta tratte in inganno, prosciuga tutte le loro risorse mentali, appropriandosene e riducendole a puri oggetti da cui ricavare linfa vitale. Attraverso semplici comportamenti giornalieri (omissione del saluto, battute spiacevoli, silenzi prolungati, inganni) la vittima viene screditata e privata della sua energia positiva e, questi atteggiamenti, hanno la potenza di creare nella vittima uno stato di forte disagio psicologico, imbarazzo e vergogna, inglobandola in una bolla di energia negativa che proprio la stessa vittima, involontariamente, tende ad assecondare mettendo a disposizione le sue stesse energie vitali. Il vampirismo energetico agisce con lo stesso principio della manipolazione mentale, in quanto in entrambe le dinamiche la vittima subisce una forte privazione delle proprie energie mentali. Tuttavia, nel vampirismo questo avviene attraverso un'azione rapida, sporadica, temporanea, mentre nella manipolazione mentale è costante, lenta, progressiva e prolungata, può durare anni o anche tutta la vita. Da ciò si evince quindi che non tutti i vampiri energetici mutano in manipolatori ma, sicuramente, tutti i manipolatori sono abilissimi vampiri energetici. Dinamiche di questo tipo all'interno dei contesti lavorativi sono decisamente deleterie per la vittima la quale, totalmente deprivata della sua positività e delle sue energie psichiche, fatica o addirittura è impossibilitata ad agire per lo scopo condiviso dell'organizzazione. Il vampirismo energetico, così come tutte le altre forme di manipolazione e violenza psicologica lavorativa, porta il contesto organizzativo alla perdita psichica di un componente. Un'altra tra le tecniche più comunemente utilizzata negli ambiti lavorativi, è proprio quella del Gaslight, che avevo già presentato a mie parole anche nei capitoli precedenti; la rivediamo applicata a questi nuovi concetti.

Con l'espressione "effetto gaslight" si intende una forma di violenza psicologica nella quale il manipolatore modifica appositamente parti della realtà in cui è immersa la vittima con lo scopo finale di trarla in inganno e portarla a dubitare della sua personale visione della realtà. La tecnica del Gaslighting è tra le strategie di manipolazione mentale più utilizzate dalla maggioranza dei manipolatori e, date le sue peculiarità, è perfettamente applicabile al contesto organizzativo. Così come tutte le tecniche di manipolazione, risponde ad un bisogno più generale che è alla base dei comportamenti e degli atteggiamenti manipolatori: il bisogno di controllo.

Di fatto, la necessità di poter gestire e monitorare la vita della vittima, nonché l'urgenza di detenere il potere in qualsiasi tipo di situazione, sono proprio l'esigenza primaria dei manipolatori che sono disposti a mettere in atto qualunque tipo di inganno, sotterfugio o tattica crudele pur di soddisfare tale esigenza.

All'apparenza può apparire come il mero capriccio di un pazzo o un'ostinazione continua nel voler fare del male agli altri ma, in realtà, oltre a questo, i manipolatori hanno il bisogno fisico e mentale di sentirsi padroni delle situazioni, di trattenere la mente degli altri stretta in pugno e di poter muovere le fila dei propri burattini come meglio credono. È difficile riuscire a comprendere quanto, il più delle volte, siano proprio le stesse vittime a concedere autorità, controllo estremo e potere assoluto al loro manipolatore, idealizzandolo e trascurando la malignità delle sue azioni, giustificandone le più spietate e amplificando così il loro già smisurato delirio di onnipotenza. Il Gaslight consiste praticamente in una serie continua di piccole azioni, simili a dei subdoli dispetti, che il manipolatore mette in atto per confondere ed offuscare la percezione che la vittima ha della realtà. Nello specifico, all'interno del contesto lavorativo queste azioni possono essere spostare ripetutamente gli oggetti dalla scrivania da come li ha lasciati la vittima facendole credere di averli spostati lei, sostenere di aver fatto o detto qualcosa con i colleghi e sottolineare che sia la vittima a non ricordarsi mai nulla, fissare o togliere appuntamenti inventando la presenza di altri impegni rimproverando la vittima per essersene dimenticata, nascondere materiale lavorativo e poi farla sentire in colpa per averlo perso, ecc..

Il risultato di questo infido fenomeno sarà che la vittima, nel giro di poco tempo, inizierà a mettere in discussione tutte le sue capacità cognitive, dubiterà del buon funzionamento della sua memoria, delle sue reali sensazioni e percezioni e arriverà a sentirsi costantemente sbagliata, incapace, inadeguata e completamente pazza. Al contrario, il manipolatore, avrà raggiunto il suo principale obiettivo quando si renderà conto che le sue azioni saranno in grado di influenzare totalmente la mente della vittima e ne sfrutterà la forte fragilità per poterla controllare e gestire in ogni suo movimento all'interno dell'organizzazione.

Così facendo, la vittima, dominata dal timore di incompetenza, di essere rimproverata, di essere inadeguata rispetto alle richieste del capo, inizierà a sviluppare un atteggiamento di acquiescenza e malleabilità, che la renderà succube delle richieste del proprio superiore, con conseguenze estremamente negative sul funzionamento personale, lavorativo e interpersonale del soggetto preso di mira. Per concludere, analizziamo il concetto di mobbing. È la forma di violenza psicologica più conosciuta all'interno dei contesti lavorativi e consiste nella sistematica persecuzione da parte di pari o superiori nei confronti di un singolo individuo, composta principalmente da isolamento, minacce, bullismo e rimproveri continui talvolta ingiustificati. All'interno del contesto lavorativo la principale differenza in merito al mobbing riguarda la scala gerarchica nella quale viene messo in atto. Infatti, esso può essere attuato da parte di capi, dirigenti o superiori e, in questo caso, prende il nome di mobbing verticale o bossing.

Al contrario, quando si manifesta tra pari e colleghi di lavoro si considera mobbing orizzontale. Al di là di quanto si possa pensare, uno non è esclude l'altro e possono sussistere situazioni in cui la vittima è mobbizzata sia verticalmente che orizzontalmente. Nello specifico, il bossing è la classica forma di violenza psicologica lavorativa per cui gli abusi e le vessazioni ai danni di uno o più dipendenti da parte di un loro diretto superiore gerarchico consistono prevalentemente in azioni premeditate a scopo intimidatorio con veri e propri atti di violenza psico-fisica e di esclusione dai privilegi aziendali solitamente riservati in forma equa ai vari dipendenti. Tali provvedimenti riguardano spesso l'assegnazione di incarichi lavorativi specifici, l'esclusione dai meeting del personale dipendente e il tenere nascoste solo ad alcuni dipendenti le informazioni che usualmente vengono diffuse tra tutti. Tra gli altri atteggiamenti che caratterizzano il comportamento mobbizzante vi è poi, ad esempio, il fenomeno del ridimensionamento di ruolo nella comunità aziendale, che vede brillanti dipendenti incaricati di mansioni di poco conto, come quella di fare fotocopie o gestire la posta di altri dipendenti di pari rango, che li demotivano e limitano l'espressione delle proprie capacità e conoscenze.

FONTE: Università Cattolica del Sacro Cuore. * le fonti vengono citate nello specifico nel capitolo apposito e dedicato ad esse.

CAPITOLO 9: TECNICHE DI DIFESA: COME PREVENIRE ED EVITARE LA MANIPOLAZIONE

Finalmente arriviamo al termine di questo libro, andando a concludere probabilmente con il capitolo più atteso e più richiesto. In questo capitolo, andremo infatti ad analizzare e studiare concretamente tutte quelle che sono le tecniche più famose, più conosciute e più diffuse per difendersi, superare e "guarire" da uno stato di manipolazione mentale.

Dunque andremo a capire come fare a prevenirla il più possibile, per evitare di entrare in uno stato di completa dipendenza ed irrecuperabilità, ma andremo anche ad approfondire la situazione della manipolazione già in corso, cercando di dare dei consigli a tutti coloro che conoscono dei soggetti passivi manipolati, o coloro che aprendo gli occhi si stanno rendendo conto di voler cambiare la loro relazione e il loro stile di vita.

Come sappiamo, non è affatto facile rendersi conto e analizzare la propria relazione da un punto di vista propriamente oggettivo, soprattutto quando si ha a che fare per tutto il tempo con partner manipolatori e abili nel gestire le vostre emozioni, ma quando vi sembrerà di aver colto dei tratti, dei comportamenti simili a quelli descritti sicuramente anche queste tecniche potranno fare al caso vostro. Ci tengo sempre a dire che sarebbe meglio non universalizzare quando si parla di manipolazione mentale e di tecniche di persuasione, che andrò comunque a trattare quelli che sono i casi più generali e più studiati per aiutare un numero di persone più ampio possibile. Riapplicare questi concetti alla vita di tutti i giorni è sicuramente la cosa da fare, e se vorrete, nei prossimi capitoli troverete appunto delle riflessioni generali in conclusione dell'argomento, ma anche degli spunti per voi lettori che possono sicuramente essere utili se volete continuare a studiare e ad approfondire questo mondo della manipolazione mentale e della persuasione. Insomma, non finisce qui. Si tratta di un mondo, di un ambiente talmente ampio che le fonti sono davvero infinite, inoltre proprio per questo motivo ci tengo anche a dire che citerò nuovamente tutte le fonti che vengono riprese in questo libro proprio per permettere anche a voi di andare a fondo alla materia il più possibile.

Detto questo, possiamo iniziare la nostra analisi. Può sembrare strano, tautologico e persino inutile, ma tutto ciò che abbiamo fatto finora è già in qualche modo un rimedio alla manipolazione mentale. Vi chiederete perchè.

Ovviamente come in qualsiasi cosa, lo studio, la ricerca e l'apprendimento di una materia è l'arma migliore e la più potente. Molti studiosi infatti, ritengono che semplicemente conoscere quelle che sono le tecniche principali dei manipolatori mentali, il loro modo di agire e la loro psicologia è un grande plus per tutti coloro che vogliono evitare incontri e relazioni di questo tipo.

La conoscenza e lo studio sono alla base di qualsiasi cosa, ma in questo caso particolarmente. Come sappiamo i manipolatori si basano maggiormente su dei soggetti ingenui, particolarmente deboli, ma dal momento in cui noi possiamo ormai ritenerci esperti in materia, dovremmo già essere più tranquilli. Dunque il consiglio in questo caso è quello di fare attenzione a tutti quegli individui che rispecchiano le descrizioni dei capitoli precedenti, tutte quelle red flags e quei comportamenti d'allarme dovrebbero un attimo farci fermare a riflettere. Questo è il primo e forse anche il più importante consiglio per tutti coloro che indagano il mondo della manipolazione mentale e delle tecniche di persuasione alla ricerca anche di tecniche di difesa concrete.

Questo perchè molto spesso nei libri, negli articoli viene citato un numero enorme di informazioni senza però mai arrivare al dunque. Il mio obiettivo in questo caso è proprio quello di fornire delle tecniche che concretamente possano essere messe in pratica (anche piuttosto facilmente) da chiunque proprio per evitare di confondere ulteriormente il lettore, rischiando di ottenere l'effetto opposto. Tra l'altro, se facciamo riferimento alla prima tecnica tra tutte quelle che andrò a presentarvi in questo capitolo, possiamo dire di essere già a buon punto. Se avrete letto il libro con attenzione, saprete già come comportarvi, e saprete anche che se l'argomento vi appassiona particolarmente, non è il momento di fermarsi, ma che sarà sempre necessario continuare a studiare.

Andando invece ad analizzare una seconda metodologia di difesa dalla manipolazione, possiamo dire di doverci addentrare in un mondo un po' più "spirituale". Con questo cosa voglio dire? Sicuramente il termine manipolazione mentale è autoesplicativo in questo caso. Stiamo parlando di qualcosa che raramente sfocia in atteggiamenti fisici marcati o violenti. Trattandosi per l'appunto di qualcosa di mentale, il soggetto passivo dovrà fare il possibile per rendersi più forte e per sviluppare soprattutto questo aspetto. Per ricollegarci al discorso di poco prima: concretamente cosa bisogna fare? Uno dei consigli più diffusi è proprio quello di imparare a conoscersi, imparare a studiare le proprie emozioni, a capire in quali parti del corpo si manifestano, come controllarle e quanto dura il loro effetto su di noi. Uno dei modi principali per imparare a gestire e a conoscere le proprie emozioni è proprio andare a fondo di esse, facendosi delle domande, scrivendo il più dettagliatamente possibile come ci sentiamo e come in quel momento le emozioni si riflettono sulla nostra fisicità.

Esempio: mi sento davvero arrabbiato e mi tremano le gambe, non riesco a stare fermo, mi sento la testa piena di informazioni e continuo a stringere i pugni. Imparare a riconoscere i nostri segnali fisici è un ottimo modo per poi andare a ricollegare questi segnali stessi alle nostre emozioni.

Ricordatevi sempre che il corpo ci parla, tutto ciò che pensiamo, si riflette molto spesso anche sulle nostre azioni quotidiane, sul nostro stato di benessere fisico oltre che a quello mentale. Se ci capita di sentirci fortemente a disagio in un rapporto con un'altra persona, se riconosciamo dei segnali, proviamo ad andare a fondo. Non fermiamoci all'apparenza, proviamo a chiederci da che cosa derivino, da cosa nascono i nostri dubbi nei confronti del nostro partner, cosa ci porta a comportarci in un determinato modo. Queste riflessioni sono generalmente più efficienti quando vengono fatte ad alta voce con un'altra persona, o magari quando vengono scritte dal diretto interessato.

Chiarire i vostri pensieri nella vostra mente è di certo uno dei modi migliori per difendersi dalla manipolazione mentale. Proprio per questo motivo, un altro tra i consigli che più spesso vengono dati è quello di imparare a diventare più consapevole dei propri pensieri e meccanismi mentali. Come farlo? In realtà il meccanismo è più o meno simile a quello presentato in precedenza, ma se pensate che questo approccio possa essere particolarmente funzionale su di voi e sulla vostra persona, allora il mio consiglio è quello di approfondire il percorso attraverso la meditazione. Esistono moltissimi metodi per meditare, per conoscersi e per comprendere a pieno le vostre emozioni, e sicuramente molti di voi avranno già provato. Si può dire che oggi possiamo ritenerci in ogni caso fortunati: sono disponibili moltissime piattaforme dove si possono trovare video, audio, applicazioni da cui trarre ispirazione per il proprio percorso.

Moltissime persone trovano giovamento da un approccio di meditazione "mindfulness", in cui si accetta semplicemente lo scorrere dei propri pensieri, ci si focalizza sulla respirazione, sul proprio corpo, sulle proprie emozioni al fine di comprendersi, di accettarsi e di stare meglio con se stessi. Se non hai mai meditato prima d'ora, proverò a darti dei semplici consigli su come iniziare.

La mattina, appena sveglio, invece di catapultarti giù dal letto o di restare a sonnecchiare ancora un po', prenditi 5 minuti. Mettiti seduto in una posizione comoda, anche su una sedia va bene. Imposta un timer per non rischiare di controllare l'ora tutto il tempo per sapere quanto è passato. Inizia a concentrarti sul tuo respiro. Senti l'aria fredda che entra dalle narici e l'aria calda che esce. Ogni volta che arriva un pensiero, guardalo sorgere e poi sparire dalla tua mente, come fosse una nuvola nel cielo. Al termine dei 5 minuti, prenditi il tempo per 'tornare alla vita solita', alzati con calma, muovi lentamente le estremità del corpo e goditi la sensazione di esserti riconnesso con te stesso. A poco a poco, grazie a questo esercizio, ti accorgerai sempre di più che i tuoi pensieri tendono ad essere sempre gli stessi e che hai dei meccanismi che ti 'indirizzano' da una parte piuttosto che da un'altra. Conoscendoti sempre meglio, capirai come ti senti e cosa provi non solo mentre mediti ma anche in tante altre circostanze della vita, di fronte a persone diverse. I momenti di meditazione saranno la tua 'palestra' per la vita.

(Fonte: Gruppomacro). Naturalmente poi, se sarete interessati ad approfondire ulteriori tecniche perché sentite che la meditazione su di voi sta agendo correttamente, allora vi consiglio di cercare video gratuiti sul web, di scaricare applicazioni che con pochi euro sono in grado di fornirvi numerosissimi aiuti, oppure andate alla ricerca di gruppi che nelle vostre vicinanze gestiscono e promuovono un simile approccio alla vita. Un altro tra i consigli che secondo me sono più utili e possono davvero essere applicati a chiunque, è quello di lavorare su se stessi come meglio si crede. Oltre che sulle proprie emozioni, l'individuo dovrebbe lavorare in maniera generale sulla propria persona al fine di sentirsi sempre più sicura di sé e in modo tale da alzare conseguentemente la propria autostima.

Come abbiamo detto in uno dei primi capitoli, il manipolatore tende ad attaccare proprio quelli che sono i punti deboli di una persona, tra cui proprio i suoi gusti, il suo modo di essere e soprattutto il carattere. Essere sicuri di sè, amare la propria persona trovo che sia davvero l'arma più potente di tutte. Bisognerebbe imparare a difendere la propria persona, a prendersene cura il più possibile al fine di trattarla proprio come tratteremmo un qualsiasi nostro partner, amico caro o familiare. L'autostima sarà in grado di difenderci da tutti quegli attacchi personali, volti proprio all'indebolimento della persona, della sua identità, attacchi che hanno il fine di distruggerci come persone, come individui dotati di gusti propri e indipendenti da quelli altrui. Il primo aspetto per liberarsi completamente da un rapporto di tipo manipolatorio è innanzitutto il riconoscimento di tale situazione.

Quando una persona è in grado di dire che il suo rapporto non ha delle basi sane, che non si tratta di un rapporto ottimale per sé per entrambe le persone facenti parte di quella relazione, allora si è già un passo avanti rispetto a prima. Il manipolatore farà sempre il possibile per evitare che la vittima riconosca le sue tecniche, il suo modo di agire, o semplicemente il fatto che sia in atto un qualche tipo di manipolazione. Per questo motivo, riconoscere tali comportamenti è sicuramente il primo grande passo per un cambiamento effettivo nel rapporto e nella vita di una persona. In secondo luogo però, bisognerebbe andare ad analizzare la situazione da un punto di vista più introspettivo, provando a capire perché si sia finiti all'interno di un rapporto di quel tipo.

Generalmente si tratta proprio di carenze di autostima nel soggetto passivo, di rapporti traumatici nel passato, di dipendenza affettiva o di altri problemi di tipo psicologico. Provare ad uscire dal mondo di manipolazione mentale significa imparare a riflettere su se stessi, imparare a conoscersi, accettarsi senza lasciarsi colpire eccessivamente dai giudizi altrui. Significa imparare a difendere le proprie emozioni senza avere paura, imparare ad amarsi, a volersi bene e a proteggersi perchè meritiamo protezione, meritiamo amore a prescindere da qualsiasi altro giudizio esterno o critica.

Ovviamente, trattandosi soprattutto di una branca della psicologia moderna in continua diffusione, è da tenere bene a mente che dopo una relazione di questo tipo, sarebbe meglio affiancare il processo di guarigione ad un processo di tipo psicologico con l'aiuto di professionisti. Accettare la propria situazione, significa anche accettare di aver bisogno di aiuto, accettare che forse almeno nei primi periodi sarebbe meglio evitare di immettersi su qualsiasi strada in solitudine. Non abbiate paura di quello che succederà, sicuramente uno psicologo sarà in grado di aiutarvi e di fornirvi i giusti consigli per superare al meglio una relazione e un periodo della vostra vita di questo tipo. Uscire da un periodo di manipolazione psicologico è difficile, perché le principali tecniche si basano appunto su forme di distorsione della realtà e di annichilamento dell'identità e dell'autostima della persona, oltre che a forma di dipendenza.

Per questo è necessario un lungo percorso di ricostruzione e di presa di coscienza del proprio essere e di quello che è successo. Come in ogni processo psicologico, il primo passo per migliorare e iniziare a recuperarsi è l'accettazione di ciò che è successo.

Per uscirne si lavorerà poi su altri processi come il riconoscimento delle strategie manipolative, la ricostruzione emotiva e il rispetto verso sé stessi. Seguire una terapia può essere un aiuto, per poter elaborare e superare questo momento. (Fonte: guidapsicologi).

CAPITOLO 10. CONCLUSIONI E RIFLESSIONI; SPUNTI ULTERIORI PER IL LETTORE

Finalmente siamo giunti al termine di questa lettura, siamo riusciti a scoprire e ad approfondire il più possibile il mondo della manipolazione mentale attraversando e studiando sia il punto di vista del manipolatore che quello del manipolato.

In questi ultimi capitoli che ho preferito unire, mi piacerebbe discutere direttamente con voi ciò che abbiamo appreso fino a questo momento, per fornire un'ulteriore idea generale dell'argomento, arricchita magari da qualche consiglio futuro di lettura o di spunti vari per l'approfondimento. La manipolazione mentale è un mondo che purtroppo (o per fortuna) è in continuo sviluppo e sempre più persone si occupano di studiarla, di andare a fondo a tutti quei meccanismi che abbiamo illustrato per capire anche come aiutare tutti i soggetti direttamente coinvolti o per ottimizzare le tecniche in un ambiente legale ad esempio nel mondo del lavoro.

Come abbiamo visto, è difficile definire così su due piedi se si tratti di movimenti, comportamenti etici più o meno validi, questo perchè ogni singolo esempio può essere riapplicato secondo numerosissime altre varianti in diversi altri contesti. Per capire al meglio e a tutti gli effetti quelle che sono le conseguenze concrete della manipolazione mentale e delle tecniche di persuasione sull'individuo, il mio consiglio è proprio quello di ricercare degli studi psicologici, degli esperimenti, dei libri di psicologia che effettivamente saranno in grado di fornire nozioni più dettagliate sul ragionamento umano e sui rispettivi comportamenti delle vittime o del manipolatore.

Con questo, mi piacerebbe molto citare un libro, e un autore, che ha contribuito notevolmente allo sviluppo della psicologia moderna, che ci ha fornito di importantissimo materiale su cui studiare, e da cui ho preso molto spunto anche per scrivere questo libro.

L'autore in questione è proprio Daniel Goleman: psicologo, scrittore e giornalista statunitense. Egli ha trattato soprattutto di intelligenza emotiva, ma è sicuramente un'ottima lettura per tutti coloro che intendono approfondire la psicologia senza avere alle spalle particolari studi. Inoltre, mi piacerebbe fare anche una piccola digressione per parlare della figura di Ivan Pavlov, un medico scienziato degli inizi del novecento che condusse importanti studi sul comportamento umano. E' stato un dovere quasi citarlo nei capitoli precedenti proprio per illustrare come questi studi abbiano contribuito notevolmente allo sviluppo della scienza di oggi.

Egli infatti studiò quello che viene comunemente chiamato riflesso condizionato, o per l'appunto riflesso pavloviano. In cosa consiste? In breve, possiamo dire che si tratti proprio della risposta fornita da un soggetto ad uno stimolo condizionante. Con riflesso condizionato, intendiamo però il fatto che con uno stimolo naturale si è in grado di provocare il verificarsi di una determinata reazione involontaria (risposta). Ivan Pavlov è generalmente conosciuto per i suoi esperimenti. Naturalmente, possiamo immaginare che la base di questi suoi esperimenti fossero appunto gli stimoli, i riflessi che generalmente venivano mostrati dagli animali in cattività. Egli decise infatti di condurre i suoi esperimenti sui cani, per la precisione dando da mangiare ad essi ogni qual volta vi fosse il suono di un campanello. Il suono del campanello in questo caso rappresenta proprio lo stimolo, uno stimolo che col tempo però diviene stimolo condizionato, in grado di produrre sempre la stessa reazione sui soggetti, ossia in questo caso la salivazione.

Pavlov si rese anche conto che, più breve era il tempo tra il suono e l'arrivo del cibo, più rapido era l'apprendimento del riflesso. Andiamo però ad applicare questi concetti allo studio psicologico sugli esseri umani e allo studio quindi del comportamento. Gli studi di Pavlov, sono ciò che oggi si può porre alla base della teoria del condizionamento classico. Il condizionamento classico studia le risposte che possono essere date, manipolando le condizioni ambientali, e riducendo il comportamento a meccanismo di stimolo-risposta. In questo contesto però non vengono considerati i meccanismi cognitivi o emotivi. Per comprendere meglio la questione, torniamo all'esempio dei cani: il cane di Pavlov produceva come stimolo incondizionato la salivazione in presenza di cibo, come la maggior parte dei cani naturalmente.

Tuttavia, questo stimolo incondizionato è stato affiancato nel tempo al suono di una campanella. Dunque durante le prime fasi, il cane produceva una naturale ed istintiva salivazione di fronte al cibo, ma con il passare del tempo iniziò ad associare quel suo riflesso non al cibo, bensì al suono della campanella, nonostante magari non ci fosse più nulla per lui da mangiare. Questo intendiamo noi con riflessi pavloviani, riflessi che sono dunque il frutto di un condizionamento su uno o più individui a determinati stimoli. Questi studi hanno aiutato la psicologia a comprendere molti aspetti del comportamento umano, come per esempio le fobie e la loro cura, o le emozioni e come le associamo a nuovi stimoli. Gli esperimenti di Pavlov sull'aumento della salivazione non sono stati gli unici esperimenti che ha realizzato il fisiologo russo. Un altro tipo di esperimento riguardava l'induzione degli stati di indecisione nei cani, permettendogli di indurre schizofrenia e stati confusionali nell'animale influendo sul loro sistema nervoso.

APPROFONDIMENTI

Per questo esperimento venivano mostrate al cane due figure geometriche: un cerchio o un'ellisse. L'animale previamente addestrato, doveva premere un bottone A nel caso gli venisse presentato un cerchio e un bottone B, nel caso di un'ellisse.

Poco a poco venivano mostrati dei cerchi più simili ad ellissi per mandare il cane in confusione, e se sbagliava la risposta veniva sottoposto a una scarica elettrica. Questo atroce esperimento, gli permise di studiare l'induzione di stati di indecisione e le varie tipologie della schizofrenia. Gli esperimenti di Pavlov sul riflesso condizionato hanno permesso di spiegare i meccanismi di stimolo-risposta, la loro formazione e la loro azione, trovando poi applicazioni in molti cambio della fisiologia, psichiatria e psicologia, anche se con risultati alterni.

In ogni caso questi studi, che sono stati i fondamenti del comportamentismo, come abbiamo visto all'inizio di questo articolo, hanno permesso di sviluppare una teoria in cui gli schemi di comportamento degli animali erano simili a quelli umani nevrotici. In questo modo si dedusse che si potevano modificare i comportamenti attraverso il condizionamento classico.

Questa scoperta fu molto importante per costruire strategie di trattamento dei comportamenti patologici. Questa teoria valse a Pavlov nel 1904 il Premio Nobel per la Medicina e la fisiologia.

Gli studi di Pavlov hanno permesso di dimostrare alcune teorie sull'apprendimento associativo, che rivelano come i riflessi condizionati possano diventare incondizionati, quando i soggetti vengono esposti, ai due stimoli contemporaneamente. Questa teoria del condizionamento classico, venne scoperta attraverso diversi esperimenti realizzati sui cani di Pavlov, inducendo negli animali stimoli per aumentare la salivazione in presenza di stimoli legati al cibo. Il condizionamento classico, rientra nella teoria comportamentista, e può essere utile per spiegare e modificare alcuni comportamenti patologici o paure irrazionali come le fobie. (Fonte: Guidapsicologi). Questi sono dunque ulteriori approfondimenti molto curiosi ed interessante per un lettore appassionato a questi concetti e a queste materie. Per quanto riguarda invece riflessioni di carattere più personale, il mio consiglio in questo caso è quello di provare semplicemente a riflettere, pensare a quanti tra questi atteggiamenti, tra questi comportamenti e casi elencati avete incontrato o avuto a che fare nel corso della vostra vita. Provate a pensare se effettivamente potreste aver avuto a che fare con qualche manipolatore, come vi siete comportati in quel caso, come vi sareste comportati se aveste già avuto la possibilità di leggere in precedenza queste parole.

Come sarebbe cambiato? Avreste aiutato qualche vostro amico in difficoltà? Pensate di essere in grado di difendervi dai manipolatori? Provate inoltre a pensare a quante volte siete stati voi i manipolatori, quante volte vi è capitato di comportarvi nella maniera sbagliata, secondo le caratteristiche principali elencate nel capitolo dell'identikit. Raramente si tratterà di identità psicologicamente complesse, sociopatiche o narcisistiche, ma provare a riflettere è in ogni caso un ottimo strumento di riflessione e miglioramento della propria persona. Pensate a quante volte nell'ambito lavorativo vi sarà capitato di dover gestire tecniche manipolatorie senza riconoscerle, senza capire di aver appena compiuto un'azione voluta, non da voi. Pensate alle vostre amicizie, alle vostre conoscenze, ai vostri familiari. Pensate che persino a loro sarà capitato di avere a che fare con manipolatori almeno una volta nella loro vita, pensate a come fornire loro queste informazioni, pensate di aprire perchè no delle vere e proprie discussioni o dibattiti a riguardo. Molti studiosi ritengono che attualmente sarebbe utile presentare un programma simile per le scuole, per i ragazzi più giovani che hanno un diretto e maggiore contatto con ciascuna di queste tecniche. Pensiamo ai bambini, ai ragazzi che non sono ancora propriamente maturi: alla fine sono proprio loro i soggetti più facili per i manipolatori.

Farebbe davvero la differenza se venissero presentati quotidianamente questi tipi di programmi nelle scuole? Gruppi new age in cui i ragazzini vengono letteralmente costretti col tempo a sostenere stili di vita non adatti a loro, troppo complessi, articolati, ingestibili. Pensiamo anche agli anziani, a tutti gli scandali e le truffe che vengono presentati in televisione costantemente proprio perchè si tratta di soggetti facili, ingenui, alla completa disposizione dei manipolatori. Vi presento una testimonianza anonima inviata ad un blog online "Psicoterapiapersona".

La mia storia inizia 5 anni fa: all'epoca ero fidanzata da 10 anni con una persona splendida che mi adorava davvero, quando ho malauguratamente perso la testa per un altro uomo, che ai miei occhi appariva simpatico, brillante, pieno di interessi, risorse, hobby. Questa persona inoltre, gestiva (e tuttora gestisce) un locale che in città è molto noto, ed il fatto che lui potesse rivolgere le sue attenzioni proprio a me mi lusingava e mi faceva sentire importante, in un periodo in cui la mia relazione sentimentale attraversava un momento di "stanca". Tant'è che lascio il mio ex per l'altro, il quale invece mi dice: "cosa speravi di trovare in me, il principe azzurro a cavallo? Io sono un burbero, e voglio stare da solo!

Torna da lui, che è la persona che ti renderà felice". Non ci vediamo per un po' e lui mi dice che le cose erano cambiate e che stava con un'altra, fino a quando poi non la lascia, giustificando la sua scelta dicendo che io ero troppo presente nella sua mente, e che stava male senza di me! Ricominciamo a frequentarci e la storia - tra alti e bassi - va avanti ancora per qualche tempo; una storia assurda, fatta di momenti idilliaci ed emozioni intense ed episodi di allontanamento. Lui sempre molto geloso, diffidente, incapace di fidarsi di me, qualsiasi cosa gli dicessi. Io dall'altra parte ero sempre ansiosa ed insicura, piena di paura che prima o poi potesse accadere qualcosa: non andavo mai bene, non andava bene nulla di ciò che facevo. La sua gelosia e la sua diffidenza raggiungevano livelli impossibili: nonostante mi sia sempre vestita in maniera molto semplice, mi accusava di farmi bella e vestire in modo provocante per incontrare un altro uomo. Se andavo al cinema con mia madre lui non mi credeva e se non rispondevo subito al cellulare si arrabbiava e, al telefono, mi liquidava freddamente. Se volevo parlare per un chiarimento mi diceva che non era il momento e che voleva solo essere lasciato in pace! Quando ho iniziato a pensare che la storia stesse evolvendo positivamente, una mattina in casa sua leggo delle mail: insomma io non ero l'unica, ma c'erano con me anche Roberta, Laura, Paola, Maria e molte altre... Tutte storie di cui non sapevo nulla, iniziate e mai chiuse.

A quel punto me ne vado senza dire una parola e senza dare alcuna spiegazione. Ero sconvolta e per ben tre mesi non ho avuto il coraggio di parlargli, finché un giorno mi apro e gli scrivo il vero motivo per cui ero sparita. Lui ovviamente nega tutto, dicendo che erano solo amiche, che mi ero sbagliata alla grande e che ormai era troppo "schifato dal mio comportamento"... ribatto prontamente che volevo soltanto dare sfogo a ciò che provavo e che non mi aspettavo nulla da lui. Un mese dopo mi contatta pregandomi di vederci quindi viene a casa mia abbattuto e in lacrime e, guardandomi negli occhi, mi dice ciò che in due anni non gli avevo mai sentito dire: "ti amo". A quel punto io, che la ragione ce l'ho ma non la riesco ad usare in questa circostanza, mi sciolgo, e riprendiamo a frequentarci. Tuttavia la favola dura poco. In quel periodo accettai la proposta di diventare la responsabile in una birreria: era fantastico quel lavoro, ed io stavo bene. Ma lui riuscì a farmelo lasciare, non perché si preoccupasse che tornassi a casa tardi la sera, tra l'altro con l'incasso della giornata, ma facendo sgradevoli allusioni tipo: "brava vai, vai a fare le tue sfilate ma che ne sai tu di locali, fornitori, clienti e responsabilità! Non sei per niente professionale! Ti odio e ti schifo, mi hai distrutto... sei entrata nel mio stagno". In quel periodo, una sera venne da me sconvolto dalla rabbia, con gli occhi iniettati di sangue, e mi scaraventa addosso dei cd perchè avevo preso contatti con un musicista per lavoro! Insomma era diventato impossibile. Tuttavia e io, anziché rinunciare a lui rinunciai a quel lavoro che invece mi dava molte soddisfazioni, pur di non dover più sopportare la sua gelosia. Il rapporto va avanti, tra sue partenze inaspettate e comportamenti freddi, e messaggi ambigui sul suo telefonino. 4 mesi fa mi allontano nuovamente, in seguito ad una sua ennesima scenata.

Non ne potevo più! Ma ecco che di nuovo cedo alle sue lusinghe. Inizio a parlargli del mio desiderio di andare a vivere insieme, lui dice di essere d'accordo ma lo dice senza alcuna convinzione....infatti cambia nuovamente. Torna ad esibire verso di me un atteggiamento distaccato e freddo, al che decido di parlargli. Vado da lui e gli chiedo se per caso non ci sia qualcosa di cui mi vorrebbe parlare, se fosse successo qualcosa, ma lui – sempre evasivo - lui mi risponde: "sono indaffarato, ho mille preoccupazioni e tu non puoi diventare l'ennesima; non mi lascia indifferente ciò che dici, ma io la mia vita l'ho scelta e tu non sei tra i miei obiettivi. Non posso svegliarmi la mattina e pensare a come poterti accontentare. Tu devi essere un bastone per me non un lavoro, sei una donna del resto, e come tutte le altre arrivi a fare questi discorsi. Non vuoi me, ma un altro". Non avevo neanche la forza di rispondere ma ribatto: "io sarei un lavoro? Io non sono come molte altre donne il cui obiettivo è quello di volersi sistemare, io volevo semplicemente condividere la mia vita con te perchè ti amo!" E lui risponde infastidito: "si vabbè queste parole...!".

Da premettere che quattro mesi fa, quando mi allontanai dopo l'ennesima delusione, mi disse "io quest'estate ti avrei chiesto di andare a vivere insieme l'avevo detto anche agli amici" ... quindi glielo ricordo e lui risponde: "era un altro momento! Poi mi hai deluso e io non ho dimenticato ...io in realtà ti ho lasciato 4 mesi fa, sei tu che sei voluta tornare da me!". A queste parole prendo la mia borsa e vado via! Lui mi lancia accuse affermando che sono una vigliacca, che sono poco chiara... Nonostante stessi malissimo sono andata via, consapevole del fatto che sarebbe stato inutile continuare a parlare dopo quello che già gli avevo sentito dire. Ora ho tanta rabbia. Ho sofferto tanto in questi anni, ho rinunciato a molte cose per non perderlo, l'ho sempre perdonato, ascoltato, cercando di stargli vicino e di consigliarlo anche sul lavoro nel rapporto con i suoi dipendenti. Gli sono rimasta sempre accanto nei momenti difficili, causati da problemi economici o perchè doveva vedersi con il padre in tribunale (mai andati d'accordo). E lui mi ha sempre rinfacciato che io non lo sapevo ascoltare... accusandomi di essere una bambina viziata, perché ho un padre e una madre che mi vogliono bene (lui la madre l'ha persa 6 anni fa) e perchè lavoro per permettermi il lusso di vivere da sola in una buona zona di Napoli. Non mi sono mai sentita accolta, ascoltata, compresa, creduta e ora che è finita sto male, ma stavo male anche con lui! Io dovevo informarlo di ogni cosa facessi e guai a fare lo stesso con lui: non potevo assolutamente chiedergli nulla, non potevo entrare nella sua vita perché lui teneva molto alla riservatezza!

Diceva che lui è a compartimenti stagni: non mi ha mai portato a vedere una partita di football e lui era l'allenatore! Quindi rimanevo a casa perché non potevo stare con altre persone né con i suoi amici! Dovevo rimanere nascosta dalle sue frequentazioni! Mai una sera mi ha chiesto di prendere una birra nel suo locale...Mi rispondeva "devo lavorare"!!! Doveva decidere sempre e solo lui quando vederci, dove e come! Non potevo avanzare nessuna richiesta, né fare mai alcun tipo di progetto che lo includesse o richiedesse la sua presenza. Mi sentivo depressa, repressa e in più con la convinzione che io non fossi l'unica donna per lui, non mi sentivo tale nè lui mi ha mai detto "sei importante per me, sei la mia unica donna". Inoltre per lui avrei rinunciato anche al diventare madre perché lui bambini non ne voleva, mi diceva che "i bambini sono come i cani, e i cani sono esseri inutili e io voglio mettere uno stop alla mia stirpe"!

Credo di aver finito ma sono tante le cose, tanta la rabbia.

FONTI

- Guidapsicologi
- Psicoterapiapersona
- Wikipedia
- Daniel Goleman
- Pavlov
- Lopsicologoonline
- SamueleCorona

Se il libro trattato è stato di vostro gradimento, le chiediamo, ringraziandola, di farcelo sapere attraverso una recensione sempre ben accetta e gradita. Grazie.